숫자 요정들과 함께 하는

수학 왕 따라잡기

진짜진짜 공부돼요 7

일상생활 속에 숨어 있는 수학의 원리 찾기
숫자 요정들과 함께 하는 수학 왕 따라잡기

2016년 3월 30일 초판 1쇄
2025년 9월 15일 초판 4쇄

글 최재희   그림 조창균
펴낸이 김숙분   디자인 김은혜   홍보·마케팅 최태수
펴낸곳 (주)도서출판 가문비   출판등록 제 300-2005-60호
주소 (06732) 서울 서초구 서운로 19, 1711호(서초동, 서초월드오피스텔)
전화 02)587-4244~5   팩스 02)587-4246   이메일 gamoonbee21@naver.com
홈페이지 www.gamoonbee.com   블로그 blog.naver.com/gamoonbee21/
제조국 대한민국   사용 연령 10세 이상
주의사항 종이에 베이거나 긁히지 않게 조심하세요.
ISBN 978-89-6902-120-5 73810

© 2016 최재희

- 책값은 뒤표지에 있습니다.
- 잘못된 책은 구입하신 곳에서 바꾸어 드립니다.
- 이 책의 내용과 그림은 저자와 출판사의 허락 없이 사용할 수 없습니다.

일상생활 속에 숨어 있는 수학의 원리 찾기

숫자 요정들과 함께 하는

수학 왕 따라잡기

최재희 글 · 조창균 그림

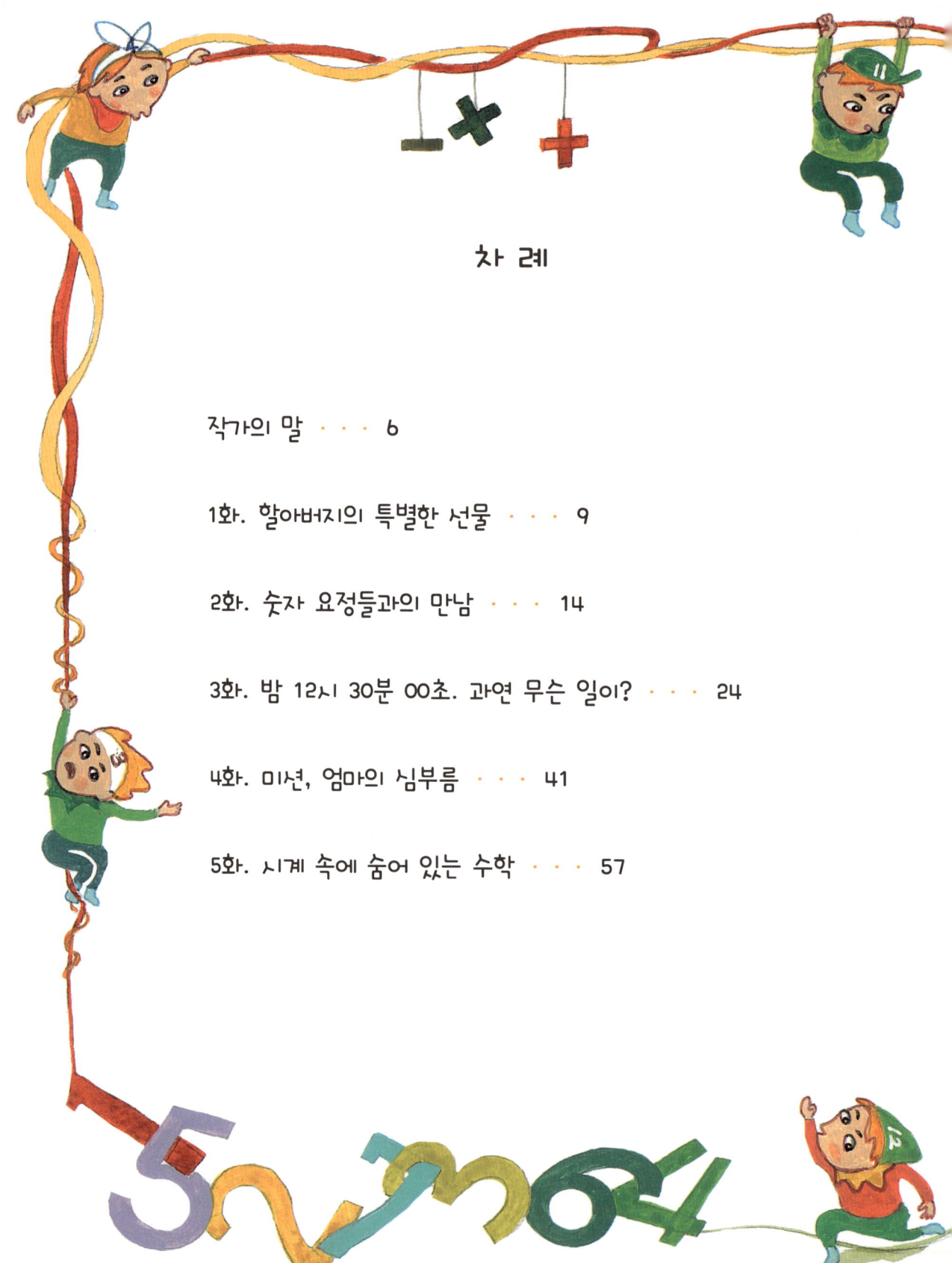

차 례

작가의 말 · · · 6

1화. 할아버지의 특별한 선물 · · · 9

2화. 숫자 요정들과의 만남 · · · 14

3화. 밤 12시 30분 00초. 과연 무슨 일이? · · · 24

4화. 미션, 엄마의 심부름 · · · 41

5화. 시계 속에 숨어 있는 수학 · · · 57

6화. 달력 속에 숨어 있는 수학 ··· 73

7화. 촌수, 친척과 나와의 관계 ··· 84

8화. 오늘의 날씨는? ··· 96

9화. 운동화가 작아졌어 ··· 107

10화. 음악은 수학을 타고 ··· 121

■ 작가의 말

"도대체 왜 수학을 배워야 하는지 모르겠네. 배워서 이걸 어디다 써 먹어?"

사람들은 수학 문제가 어려우면 이런 불평을 한다. 나도 학교 다닐 때 자주 했던 말이다. 그저 학교에서 가르쳐 주니까 배웠고, 시험을 본다고 해서 공부를 했다. 수학이 왜 필요한지, 무엇에 쓰이는지 알지도 못하고 말이다.

하지만 조금만 눈을 돌려 보면 수학이 쓰이지 않는 곳이 없다. 아파트나 학교 건물을 건축할 때도 수학의 원리와 방법이 사용된다. 날씨가 궁금하면 일기예보를 찾아본다. 일기예보는 통계를 이용해 날씨를 분석

하고 예측한다. 통계라는 수학적 방법으로 미리 예측하여 날씨가 좋으면 야외로 놀러가기도 한다. 길을 잘 모를 때는 네비게이션을 이용한다. 네비게이션은 좌표를 이용해 주소를 검색한다. 이때 사용되는 좌표 역시 수학적 방법이다. 이처럼 수학은 우리 삶에 가까이 있어 우리가 편리한 삶을 살 수 있도록 도와준다. 일전에 제주도의 번개체험과학관을 다녀왔다. 전시관 안에서 번개를 수학으로 풀어 낸 공식도 보고 번개가 연주하는 음악도 들었다. 하늘에서 치는 번개를 수학으로 증명해 내고, 이 공식을 이용해 인위적으로 번개를 만들어 낼 수도 있다. 자연 현상의 원리를 밝혀내는 도구가 수학과 과학인 것이다.

초등학교에 갓 입학한 어린 아들이 물었다. "엄마, 비는 하늘에서 시속 몇km로 내려와?", "엄마, 전기는 시속 몇km로 다녀? 자동차보다 빨라?", "온도 1도가 올라가면 얼마만큼 따뜻해져? 그럼 2도가 올라가면?" 아들은 내가 살면서 단 한 번도 궁금해하지 않았던 것들을 궁금해하면서 질문을 했다. 대답하기 어려워서 말문이 딱 막혔다. 그러면서도 호기심 많은 아들이 대견스러웠다. 나는 아들과 아들 또래의 친구들에게 수학을 알려주고 싶어 수학동화를 써 보기로 했다. 수학은 눈으로 볼 수 없지만 우리 삶에 가까이 있고, 우리 삶을 편리하게 해 주는 중요한 도구이기 때문이다.

숫자 요정들이 주인공인 진우에게 숨어 있는 수학의 원리를 친절하게 설명하며 가르쳐 준다. 시계와 달력, 촌수, 일기 예보, 단위, 음악 등 일상 생활에서 수학이 사용되고 있고, 우리 삶을 편리하게 해 준다는 것을 여러분도 깨우칠 수 있다. 숫자 요정들과 함께 여러분도 여행을 떠나 보자. 교과서와 문제집 외에 일상 생활 속에서 수학을 만나 보면 보다 수학을 친숙하게 느낄 수 있지 않을까 기대해 본다.

2016년 봄
최재희

1화. 할아버지의 특별한 선물

"엄마, 엄마"

진우는 현관에 신발을 벗어 던지고는 헐레벌떡 들어왔어요.

"잘 다녀왔니? 배고프지? 우유 마실래?"

엄마가 컵에 우유를 따라서 들고 왔어요.

진우는 우유를 단숨에 들이켜고 엄마에게 물었어요.

"할아버지는요? 오늘 오신다고 했잖아요?"

"오셨을까? 안 오셨을까?"

엄마가 생글생글 웃으며 말했어요.

'아하, 숨바꼭질이구나.'

진우는 얼른 가방을 벗어 던지고 할아버지를 찾으려고 집 안을 돌아

다녔어요.

할아버지는 골동품을 수집하시는 것을 좋아해요. 여러 나라를 여행하면서 진귀한 물건들을 구해 오곤 해요. 그래서 다락방에는 온갖 희귀한 물건들이 잔뜩 쌓여 있어요.
하지만 할머니는 그것들을 쓸모없는 잡동사니라고 했어요.

"영감, 다락방 좀 치워요. 내가 살 수가 없어요."
할머니는 늘 잔소리를 했지요.
하지만 할머니는 작년에 돌아가셨어요.
할아버지는 이젠 그 잔소리가 그립대요.
오늘은 할아버지가 여행을 마치고, 집에 돌아오는 날이에요.
'할아버지는 어디 계시지? 무엇을 사오셨을까?'
진우는 너무 궁금했어요.
진우는 제일 먼저 다락방으로 갔어요.
예상대로 할아버지는 다락방에 계셨어요.
"할아버지!"

진우는 반가워서 할아버지를 크게 부르곤 다락방으로 올라갔어요.

할아버지도 반가워하며 진우를 꼬옥 안아 주었어요.

"할아버지 선물 사왔어요?"

"진우야, 할아버지가 아주 신기한 것을 구해왔단다."

"뭔데요? 빨리 보여 주세요."

진우는 빨리 보고 싶어서 할아버지를 재촉했어요.

할아버지가 가방에서 낡은 상자를 하나 꺼냈어요.

그리곤 뚜껑을 조심스럽게 열었어요.

할아버지는 낡은 손목시계 하나를 꺼내어 진우에게 보여 주었어요.

진우는 너무 실망해서 기운 빠진 목소리로 대답했어요.

"에게, 이게 뭐예요? 엄청 오래된 시계잖아요. 그냥 할아버지 가지세요. 전 필요 없을 것 같아요."

그러자 할아버지가 비밀이라도 되는 듯 조그마한 소리로 말했어요.

"진우야, 이 시계는 아주 특별한 능력을 가지고 있단다. 요술 시계야."

"요술 시계요?"

진우는 시계를 다시 한 번 쳐다보았어요. 시계는 그저 평범해 보였어요. 심하게 낡은 것 빼고요.

"무슨 요술이요?"

진우는 시계를 만지작거리며 말했어요.

"시계가 진우에게 특별한 친구를 만나게 해 줄 거야. 시계를 팔목에 차면 시계가 요술을 부릴 거야."

할아버지는 껄껄껄 웃었어요.

"그러니 소중히 간직하렴."

진우는 시계를 가슴에 안고 할아버지에게 물었어요.

"정말로 시계가 요술을 부려요?"

"그렇단다. 시계를 차면 요술이 일어난단다."

2화. 숫자 요정들과의 만남

진우는 저녁을 먹고 얼른 자기 방으로 들어왔어요.

그러고는 상자를 열어 손목시계를 꺼냈어요.

'시계를 차면 어떤 일이 일어날까?'

호기심이 생겼지만 조금 겁이 나기도 했어요.

'할아버지께서 나한테 안 좋은 선물을 주실 리 없어.'

진우는 그렇게 생각하며 용기를 냈어요. 그러고는 조심스럽게 시계를 손목에 찼어요. 하지만 아무 일도 일어나지 않았어요.

'에이, 뭐야.'

진우는 실망을 하곤 시계를 요리조리 살펴보았어요.

'그러면 그렇지. 시계가 무슨 요술을 부리겠어. 할아버지가 장난치신

거야. 속았네.'

진우는 멋쩍어서 머리를 긁적였어요.

바로 그때 어디선가 웅성대는 소리가 들려왔어요.

'어디서 나는 소리지?'

진우는 두리번두리번 주변을 둘러보았어요. 그런데 소리가 시계 속에서 나고 있었어요. 진우는 시계를 들여다보았어요.

'이럴 수가!'

시계 속의 숫자들이 움직이고 있었어요. 게다가 숫자에서 눈과 입이 생겨나는 거예요.

'내 눈이 어떻게 된 걸까?'

진우는 눈을 질끈 감았다가 다시 떴어요.

숫자들은 눈을 깜빡거리며 뭐라고 떠들어댔어요.

'우와! 정말 요술 시계네. 숫자들이 말을 하잖아?'

진우는 숫자들이 뭐라고 말하는지 귀를 기울였어요.

"여긴 어디야? 누가 우리를 깨운 거지?"

숫자 1이 두리번거리며 말했어요.

진우는 눈이 휘둥그레지고 입이 떡 벌어졌어요.

"아함, 난 더 자고 싶은데……. 난 다시 잘래."

숫자 8이 하품을 하면서 말했어요.

"넌 그렇게 허구한 날 잠만 자니까 몸이 둥글둥글 뚱뚱해지는 거야."

숫자 6이 숫자 8을 놀렸어요.

"뭐야! 그러는 넌 배만 볼록 나왔잖아."

숫자 8이 발끈해서 숫자 6에게 빽 소리를 질렀어요.

"얘들아, 싸우지 좀 마. 중간에 끼어 있는 나도 좀 생각해 주라. 시끄러워 살 수가 없다."

숫자 7이 한숨을 쉬며 말했어요.

숫자들의 수다는 좀처럼 끝나지 않았어요.

"잠깐만 숫자들아! 이게 어떻게 된 일인지 도무지 알 수가 없네. 어,

그러니까 우리 인사부터 할까? 나는 서진우야. 아홉 살이고."

진우가 시계를 들여다보며 인사를 하자 시계 속 숫자들도 한꺼번에 자기소개를 한다면서 와글와글 떠들어댔어요.

하지만 도무지 무슨 말을 하는지 알아들을 수가 없었어요.

"잠깐만 숫자들아! 내가 너희들 이름을 맞춰 볼게. 맨 위 가운데가 12, 그 옆이 1, 그 옆이 2, 그 옆이 3 맞지? 이렇게 차례대로 1, 2, 3, 4, 5, 6, 7, 8, 9, 10, 11, 12가 너희들의 이름이지?"

"어? 이 꼬마가 우리를 아네. 너 맘에 든다."

숫자 11이 히죽 웃으며 말했어요.

"우리가 좀 유명하긴 하지. 이 인기는 세월이 가도 도무지 시들지 않는단 말이야."

숫자 7이 거들먹거리며 말했어요.

그 말에 숫자들이 당연하다는 듯 한꺼번에 고개를 끄덕였어요.

진우는 그 모습을 보니 피식 웃음이 났어요.

"이봐, 내 이름은 꼬마가 아니라 서진우라고. 자꾸 꼬마라고 부르면 시계를 상자 속으로 다시 넣어 버린다."

진우는 겁을 주었어요.

그러자 숫자들이 깜짝 놀라며 한꺼번에 비명을 질러댔어요.

"아, 아니야. 미안해, 꼬마란 말 취소할게."

그러나 그것도 잠시, 숫자 5가 키득거리며 말했어요.

"키키키, 내가 사람을 볼 줄 아는데, 너는 착한 아이야. 절대 그렇게 하지 않을 거야."

그러자 숫자 2가 진우에게 고개를 갸우뚱거리며 물었어요.

"흠흠, 이름이 뭐라고 했지? 서……."

"서진우. 근데 너희들은 도대체 누구니?"

"아, 우린 숫자 요정들이야. 우리는 숫자가 사용되는 곳이면 어디

든지 가. 그런데…….”

숫자 12가 말을 하다 말고 갑자기 침울한 표정을 지었어요.

그러자 숫자 4가 대신 말했어요.

"지금은 못 가."

"왜 못 가?"

진우가 이렇게 묻자 숫자들의 얼굴이 모두 울상이 되었어요.

그러더니 이내 훌쩍거리기 시작했어요.

진우는 당황스러워서 어쩔 줄 몰라 했어요.

"울지 말고 얘기를 해 봐."

진우 말을 듣고 숫자 12가 침착하게 말하기 시작했어요.

"우리는 지금 벌을 받고 있는 중이야. 우리가 아라비아 숫자라는 건 너도 알고 있지? 사람들은 우리를 아주 편리하게 사용했어. 하지만 언제부턴가 나쁜 방법에 우리를 이용하기 시작했어. 물건을 팔 때 저울 속에 있는 숫자들을 거짓으로 표시하거나, 돈을 주고받을 때 숫자를 속이기도 했어. 우리 숫자 요정 중에 몇몇이 부끄럽게도 그만 그 일을 함께 했단다."

그 말이 끝나자 숫자들이 모두 고개를 푹 숙였어요. 숫자 12는 계속해서 말을 이어 갔어요.

"그래서 하나님이 우리에게 벌을 주신 거야. 가장 정직해야 할 숫자들이 거짓말을 했으니 당연하지. 우리는 그만 이 시계 속에 갇히는 신세가 되었어. 그리고 잠에 취해 일어나지 못했단다. 아, 이게 얼마 만인지 몰라. 네가 우리를 구해 준 은인이 분명해. 네가 손목에 시계를 차는 순간 우리가 잠에서 깨어났으니까."
"내가 은인이라고? 아니야, 우리 할아버지가 시계를 선물로 주셨으니 할아버지가 은인이야. 너희들, 우리 할아버지 몰라?"
진우는 어리둥절해하며 말했어요.
하지만 숫자 요정들은 하나같이 고개를 저었어요.
"우린 네 할아버지는 몰라. 네가 은인이라니까."
어쨌든 은인이라고 하니 기분이 나쁘지는 않았어요.

그래서 얼른 숫자들을 향해 활짝 웃어 보였어요.

"빰빠라밤~. 모두 모두 축하합니다."

갑자기 숫자 5가 호들갑을 떨었어요.

그러자 숫자들이 환호성을 지르며 춤을 추기 시작했어요.

"너희들 되게 좋아한다. 내가 별로 한 건 없는데, 꼭 대단한 일을 한 것 같아."

"대단한 일을 한 거야."

숫자 3이 고마움을 가득 담아 말했어요.

"저……. 그리고 하나 더 해 줄 일이 있는데……."

숫자 3이 머뭇거리며 말했어요.

"어려운 일은 아냐. 이왕 하는 김에 하나만 더 해 줘."

숫자 11이 당연하다는 듯 요구했어요.

"한 번 은인은 영원한 은인. 알지? 의리!"

숫자 5가 주먹을 불끈 쥐며 의리를 강조했어요.

"뭔데?"

진우는 궁금했어요. 무엇을 해 달라는 걸까요?

그때 숫자 12가 차분한 목소리로 말했어요.

"우리가 지금은 숫자의 모습을 하고 있지만, 이 모습은 원래의 모습이 아냐. 게다가 이 모습으로는 세상 밖으로 나갈 수도 없고 말이야.

우리는 원래 모습을 되찾아야 해. 우리를 꺼내 줘. 도와줄 수 있니?"

숫자 12의 말이 끝나자마자 숫자들은 일제히 간절한 눈빛으로 진우를 바라보았어요. 그 눈빛이 너무 간절해서 진우는 바로 알겠다고 대답할 뻔 했지요. 그러나 그 순간 장난기가 발동한 진우는 짓궂게 방실방실 웃으며 말했어요.

"누가 도와준대? 내가? 아, 그런데 이 시계 은근 무겁네. 풀어야겠다."

그러자 숫자 요정들이 깜짝 놀라 살려달라며 소리를 질렀어요.

그때 숫자 12가 마음을 진정시키며 차분하게 말했어요.

"애들아, 걱정 마, 진우는 우리를 꺼내 줄 거야."

"우리는 널 믿어. 제발 도와줘"

숫자 3도 진우에게 사정을 했어요.

"우리를 구해 줄 사람이 너밖에 없어."

숫자 12가 또 사정을 했어요.

진우는 미안한 마음이 들었어요. 남의 약점을 이용해서 장난을 치면 나쁜 일이니까요.

숫자 요정들이 눈을 반짝이며 모두 진우를 바라보았어요.

"좋아, 그런데 내가 어떻게 해야 너희들을 도울 수 있지?"

"정말? 우리를 도와줄 거야? 고마워. 네가 착한 사람인 줄 벌써 알았어."

숫자 요정들이 모두 감격해하며 말했어요.

"시계 상자가 문제를 낼 거야. 네가 정답을 맞히면 끝이야. 쉽지?"

숫자 11이 설명해 주었어요.

"그래, 별 거 아니네. 그럼 당장 시계 상자를 만나러 가자. 그 상자, 할아버지 다락방에 있을 걸?"

진우가 방을 나서려고 하자 숫자 요정들이 말렸어요.

"잠깐, 지금은 만날 수 없어. 시계 상자가 잠을 자고 있거든. 약속된 시각에 시계 상자가 너를 찾아 올 거야."

숫자 1이 말했어요.

"약속된 시각? 그게 몇 시야?"

진우가 성마르게(참을성 없이 조급하게) 물었어요.

"오늘 밤 12시 30분 00초."

숫자 12가 비장하게(감정을 누르고 씩씩한 모습으로) 말을 했어요.

벌써부터 긴장이 되는지 어떤 숫자는 침을 꼴깍 삼키고, 어떤 숫자는 눈을 질끈 감고 기도를 했어요.

"뭐야, 그때까지 자지 말고 기다리라고?"

진우가 볼멘소리를 하자 숫자 요정들이 말했어요.

"신경 쓰지 말고 자고 있어. 시계 상자가 알아서 널 찾아 갈 거야. 약속은 꼭 지키거든. 우린 다시 시계 속으로 들어간다. 안녕."

숫자 요정들은 시계 속으로 들어가 다시 잠을 자기 시작했어요.

3화. 밤 12시 30분 00초. 과연 무슨 일이?

진우도 어느새 잠이 들었어요.

그런데 잠결에 누군가 부르는 소리가 들렸어요.

"이봐, 꼬마. 일어나 봐."

'시계 상자다.'

진우는 벌떡 일어났어요.

정말로 시계 상자가 찾아와 진우를 툭툭 걷어차고 있었어요.

"우와! 시계 상자에도 발이 생겼네. 어라, 눈하고 입도 생겼네."

진우는 너무 신기해서 눈을 비비고 시계 상자를 요리조리 쳐다보았어요.

"흠흠, 뭘 그렇게 봐? 원래 나도 멋쟁이였어. 오랜 세월 동안 숫자 요정들을 감시하느라 이렇게 된 거지. 낡았다고 나를 무시하면 안 돼."

시계 상자가 험악하게 말했어요.

그래도 진우는 하나도 무섭지 않았어요. 오히려 조그마한 상자가 인상을 쓰며 말하는 모습이 귀엽게 느껴졌어요.

"너, 되게 귀엽구나."

진우가 그렇게 말하자 시계 상자가 버럭 화를 냈어요.

그러거나 말거나 진우는 일어나서 기지개를 켠 다음 주위를 둘러보았어요.

"어, 이상하다. 나는 분명히 내 방에서 잤는데? 여기는 다락방이잖아? 누가 나를 옮겼지?"

정말로 그곳은 다락방이었어요.

진우가 황당한 표정을 짓자 시계 상자가 히죽 웃으며 말했어요.

"사실 여긴 네 꿈속이야."

"꿈속?"

진우는 어리둥절했어요. 그러나 깊게 생각하지 않기로 했어요. 이곳이 어딘지가 중요한 게 아니라 문제를 푸느냐 못 푸느냐가 중요하니까요.

"그런데 무슨 문제를 낼 거야?"

"성급하기는……. 못 풀까 봐 겁 나?"

"쳇."

시계 상자가 거들먹거려서 진우는 기분이 나빴어요.

"문제를 못 풀어도 널 해치진 않아. 망신은 좀 당하겠지만 말이야. 근데 꼬마, 너 참 무식하게 생겼다. 푸하하."

시계 상자가 진우를 놀리며 웃어댔어요.

'오냐, 내가 다 풀어 주마.'

진우는 속으로 이를 부득 갈았어요.

그리고 턱을 치켜들며 자신 있게 말했어요.

"뚜껑은 열어 봐야 알지. 어디 문제 내 봐."

"좋아, 우리 서로 바쁘니 빨리 하자. 첫 번째 문제 낼게. 하루는 몇 시간이지?"

진우는 어이가 없었어요.

"뭐야, 내가 그것도 못 풀 거라 생각해? 24시간이잖아."

시계 상자는 깜짝 놀랐어요.

"와, 대단한데? 그렇다면 일주일은 며칠이지?"

시계 상자가 두 번째 문제를 냈어요.

"그것도 식은 죽 먹기지. 일주일은 7일이야."

진우는 자신만만하게 대답했어요.

시계 상자는 화들짝 놀라며 진우를 쳐다보았어요.

"내가 너를 과소평가했구나.(사실보다 작거나 약하게 평가하다.) 세 번째 문제를 낼게. 1월부터 2월까지의 날짜를 모두 더하면 며칠일까?"

못 맞출 거라는 표정으로 시계 상자가 진우를 쳐다보았어요.

진우는 머릿속으로 달력을 상상했어요. 1월은 31일까지 있고 2월은 28일까지 있어요.

그러니 31 더하기 28을 하면 돼요.

"정답은……."

하지만 진우는 한 번 더 계산을 해 보느라 시간을 조금 끌었어요.

시계 상자는 진우를 초조한 얼굴로 바라보았어요.

"정답은 59일이야."

진우가 정답을 말하자 시계 상자가 입을 쩍 벌렸어요.

"아니, 뭐……. 그 정도로 감탄을 하면 내가 너무 부끄럽잖아. 그런데 4년에 한 번씩 윤년*일 때는 2월이 29일까지야. 그땐 1월과 2월의 총 날짜 수는 60일이야."

진우는 멋쩍어하며 시계 상자에게 다시 말했어요.

"와, 대단하다!"

시계 상자는 손뼉을 짝짝짝 쳤어요.

"학교에서 그런 거는 다 배운다고."

알쏭달쏭

2월은 며칠까지 있나요?

바닷가에 사는 사람들은 밀물 때와 썰물 때를 잘 알아야 해요. 고기를 언제 잡으러 나가야 하는지 계획해야 하니까요. 언제인지를 잘 아는 일이 아주 중요했어요. 그래서 음력 초하룻날과 보름날을 주기로 하여 날을 헤아리는 일이 시작되었어요. 이것이 태음력이에요.

하지만 초하룻날과 보름날을 12번 거듭해도 정확히 1년이 되지 않았어요. 그 후 이집트에서 BC 18세기경 1년이 365.25일이란 것을 알게 되었어요.

즉 매년 6시간씩 남게 되어 4년에 한 번씩 2월을 29일로 했어요. 태양력에서는 2월이 28일까지 있는 해를 평년이라 하고, 2월을 29일로 둔 해를 윤년이라 해요.

"학교? 그건 뭐야?"

시계 상자가 어리둥절한 얼굴로 말했어요.

"응, 숫자도 공부하고 친구들도 사귀는……. 뭐, 그런 곳이야."

"아, 그렇구나. 잠을 자는 동안 세상이 너무 많이 변했군. 그럼 다음 문제!"

"또?"

진우는 혹시 어려운 문제가 나올까 봐 긴장했어요.

"지금이 12시 35분이야. 그렇다면 5시간 30분 후는 몇 시 몇 분일까?"

시계 상자가 히죽 웃으며 문제를 냈어요. 그러고는 '이번에는 절대 못 맞출 걸?' 하는 도도한 표정으로 진우를 보았어요.

'저 눈빛이 마음에 안 들어서라도 당장 문제를 맞춰야 하는데. 아, 정말! 갑자기 이렇게 어려운 문제를 내는 법이 어디 있냐고.'

진우는 따지고 싶었지만 참기로 했어요. 숫자 요정들을 꺼내 준다고 약속했으니 어떡하든 맞춰야 했어요. 그래서 힌트를 달라고 말해 보기로 했어요.

"있잖아, 무슨 숫자로 시작하는지 가르쳐 주면 안 될까? 딱 한 숫자만. 응?"

진우가 쩔쩔매자 시계 상자가 갑자기 큰 소리로 웃었어요. 그러고는 껑충 뛰어올라 진우의 어깨 위에 앉았어요. 시계 상자는 진우의 귀에 대고 속삭였어요.

"사실 세 번째 문제가 끝이었어. 마지막에는 그냥 심술을 부려 본 거야. 축하해. 합격이야. 숫자 요정들은 이제 해방이야."

"정말?"

진우는 기뻐서 소리를 지르며 껑충껑충 뛰었어요.

"그럼, 이제 가도 좋아. 그럼 나도 이만 총총."

이렇게 말하고 시계 상자는 다락방 구석으로 폴짝폴짝 뛰어갔어요.

"아, 잠깐!"

진우는 얼른 쫓아가 보았어요.

하지만 눈을 씻고 찾아봐도 시계 상자는 어디에도 보이지 않았어요.

'우와! 세상에는 참 신기한 일이 많네.'

진우는 머리를 긁적였어요.

> 시계 상자가 낸 문제를 우리가 풀어 보아요.
> 지금이 12시 35분일 때 5시간 30분 후는?
> 1. 우선 더하기를 해 볼까요?
>   12시 35분 + 5시 30분 = 17시 65분
> 2. 65분 중 60분은 시간으로 올려 줘요. 그럼 5분이 남네요.
> 3. 올라온 1시간을 더해 주면 18시가 돼요.
>   17시 + 1시 = 18시
> 4. 18시 5분은 오후 6시 5분이에요.

"진우야, 일어나서 아침 먹자. 토요일이라고 늦잠 잘 생각 마."

엄마가 진우를 불렀어요.

"어, 엄마 10분만 더 자고요."

진우는 웅얼웅얼 대답하곤 이불을 끌어다가 머리 위까지 덮었어요.

그런데 순간 간밤에 꾼 꿈이 머릿속을 휙 스쳐갔어요.

'아, 맞다! 시계 상자가 낸 문제들을 내가 풀었지. 그럼 숫자 요정들이 해방됐겠네.'

진우는 벌떡 일어났어요. 진우는 책상으로 가서 손목시계를 들여다보았어요.

하지만 손목시계는 그저 평범한 손목시계일 뿐이었어요. 진우는 얼른 시계를 찼어요. 그러곤 손목을 흔들어 보았어요. 그래도 아무 일도

일어나지 않았어요.

'어, 반응이 없네? 숫자 요정들을 한번 불러 볼까?'

진우는 시계 유리에 입을 대고 숫자 요정들을 불러 보았어요. 그런데도 아무런 반응이 없었어요.

'그럼 그렇지. 전부 꿈이었구나. 숫자 요정이 어디 있겠어? 게다가 시계 상자가 문제를 내고 사라져 버리다니 이상하잖아? 그래, 꿈일 거야.'

진우는 머리를 긁적이며 밖으로 나갔어요.

진우는 아침을 먹고 나서 민재에게 전화를 했어요. 진우와 민재는 집도 가깝고 같은 축구교실에 다녀요.

"학교 운동장에 가서 자전거도 타고, 축구도 하자."

진우가 말했어요

"응, 좋아. 내가 자전거 가지고 네 집 앞으로 갈 테니 너도 자전거 가지고 나와."

진우가 옷을 갈아입고 자전거를 끌며 집 앞으로 나가니 벌써 민재가 자전거를 타고 저만치에서 달려오고 있었어요.

진우도 얼른 자전거에 올라탔어요.

"김민재, 학교까지 누가 먼저 도착하나 시합할까?"

진우가 자신 있게 말했어요.

"좋아. 지는 사람이 아이스크림 사기."

말을 마침과 동시에 진우와 민재는 있는 힘껏 페달을 밟았어요.

하지만 금세 민재가 훨씬 앞서 달렸어요.

진우는 할 수 없이 민재에게 아이스크림을 사줬어요.

"역시 아이스크림은 남이 사줘야 꿀맛이지."

민재가 아이스크림을 한 입 베어 물며 말했어요.

"아이스크림 맛이 다 똑같지, 그런 게 어디 있냐?"

진우는 아이스크림을 핥으며 퉁명스럽게 말했어요.

진우와 민재는 아이스크림을 후딱 먹어 치우고는, 축구를 했어요.

그런데 진우 골이 골대에 더 많이 들어갔어요.

"으하하! 역시 축구는 내가 더 잘하는 게 틀림없어."

진우는 두 손을 치켜들고 만세를 불렀어요.

집으로 돌아가는 길에 횡단보도에서 초록 불이 켜지길 기다리고 있을 때였어요.

"꼬마, 공 좀 차던데."

어디서 킥킥대며 웃는 소리가 들렸어요.

깜짝 놀라 소리 나는 곳을 보니, 처음 보는 작은 생명체가 자전거 핸들 위에 앉아 있었어요. 진우는 새끼손가락만 한 사람을 보고는 깜짝 놀라 뒤로 자빠질 뻔했어요.

"어! 어! 누구야? 넌?"

진우가 소리를 질렀어요.

"진우야, 너, 왜 그래?"

민재가 놀라서 황당한 표정으로 진우를 보고 말했어요.

"저기, 내 자전거 핸들에……. 저거 안 보여?"

진우는 손가락으로 핸들을 가리키며 말했어요.

"뭐가? 아무 것도 없는데? 크크, 서진우 너 이상해."

민재는 킥킥 웃으며 오른쪽 검지로 얼굴 주변에 동그라미를 그리며 진우를 놀렸어요. 돌았냐는 뜻이에요.

'흠, 내가 정말 돈 걸까? 어젯밤 꿈도 그렇고.'

진우는 혼란스러워 눈을 질끈 감았어요.

그런데 또 목소리가 들렸어요.

"크크크, 바보야! 우리는 너한테만 보여. 우리 목소리도 너한테만 들리고……. 그리고 나 기억 안 나? 우리가 헤어진 지 14시간 20분밖에 안 지났는데?"

진우는 눈을 크게 뜨고 작은 생명체를 자세히 보았어요. 작은 생명체는 보라색 옷을 입고 긴 망토를 걸치고 있었어요. 머리에는 튤립을 엎어놓은 것 같은 모양의 모자를 쓰고 있었는데 모자 밖으로 파란색 머리카락이 삐죽삐

죽 나와 있었어요. 모자에는 5가 쓰여 있었어요.

'아! 그렇다면 어젯밤에 있었던 일이 꿈이 아니구나.'

진우는 작은 생명체를 뚫어지게 바라보았어요. 숫자 요정이 틀림없었어요.

'모자에 5라고 쓰여 있는 걸 보니 숫자 5구나……..'

진우의 시선이 불편했는지 숫자 5는 다른 곳을 바라보며 옷매무새를 고치는 시늉을 했어요.

그때 민재의 목소리가 들렸어요.

"진우야, 초록 불."

"어, 그래."

진우는 얼른 페달을 밟으며 출발했어요.

갈림길에서 진우는 민재와 헤어졌어요.

"안녕."

"그래, 잘 가."

진우는 얼른 집 앞으로 와 자전거를 세웠어요.

주위를 둘러보니 다행히 아무도 없었어요.

여전히 숫자 5는 자전거 핸들 위에 앉아 있었어요.

"숫자 5가 맞지?"

진우는 고개를 숙여 요정의 얼굴을 가까이 들여다보았어요.

"크크크, 맞아. 앞으로 5번 요정이라고 불러. 흠흠……. 내 모습이 원래 이렇게 우아해. 너무 황홀하게 변해서 깜짝 놀랐지?"

5번 요정은 자기 자랑을 쏟아냈어요.

"치, 달라져서 놀라긴 했지만 황홀해서 놀란 건 아닌데?"

진우는 숫자 요정을 놀렸어요.

"이봐, 꼬마. 예의를 좀……."

5번 요정이 꼬마라고 하자 진우는 화가 나 말을 싹둑 잘랐어요.

"난 꼬마가 아니라 서진우야."

"후후, 미안."

"시계 상자가 너희들이 이제 풀려날 거라 했어. 그런데 갑자기 어디서 튀어나온 거야?"

진우가 어리둥절한 표정으로 말하자 5번 요정이 키득거리며 웃었어요.

"크크, 우리는 숫자가 사용되는 곳이라면 어디든 간다고 했잖아. 여기에 숫자가 있잖아. 거기서 나왔어."

5번 요정이 자전거 기어를 가리켰어요.

진우의 자전거는 기어 변속 자전거라 핸들에 숫자가 적혀 있어요.

"아! 자전거 기어 말이지?"

"이 마차 이름이 자전거야? 이건 기어? 요즘엔 바퀴가 2개인 마차도 있구나."

"치, 말도 없는데 무슨 마차야?"

"아무튼 신기한 세상이야. 자고 일어나니 완전히 달라져 있어."

5번 요정이 신기하다는 듯 주변을 두리번거리며 말했어요.

그때 누군가 오고 있었어요.

"어, 누가 온다. 일단 집으로 들어가자."

진우는 5번 요정을 얼른 주머니에 넣었어요.

그러고는 얼른 대문 안으로 후다닥 들어갔어요.

진우가 방으로 들어가 문을 닫자마자 요란한 나팔소리가 들렸어요. 진우는 깜짝 놀라 두리번거렸어요. 숫자 요정들이 책상 위에서 나팔을 불고 있었어요. 그때 5번 요정이 주머니에서 폴짝 뛰어나와 책상 위로 정확하게 착지를 했어요.

"와!"

1번부터 12번까지의 숫자 요정들이 모두 모여 있었어요.

진우는 너무 반가워 입이 귀에 걸렸어요.

"서진우, 네가 해낼 줄 알았어. 내가 사람 보는 안목이 좀 있다니까."

11번 요정이 말했어요.

"고마워. 다 네 덕분이야."

12번 요정이 빙그레 웃으며 말했어요.

'남을 돕는 건 역시 좋은 일이야.'

진우는 숫자 요정들이 기뻐하는 걸 보니 흐뭇했어요.

진우는 의자에 앉아서 턱을 괴고 요정들을 관찰했어요.

다른 요정들도 멋지게 변해 있었어요. 모두 알록달록 다른 색깔 옷을 입고 있었고, 머리카락 색깔도 조금씩 달랐어요. 물론 얼굴도 조금씩 달

랐어요. 5번 요정은 개구쟁이 같았고, 11번 요정은 도도해 보였어요. 1번 요정은 겁이 많을 것 같았고. 12번 요정은 진지해 보였어요.

"자, 우리는 이제 다른 요정들이 어디에 있는지 찾아보러 떠나야 해. 할 일도 너무 많고 말이야."

7번 요정이 말했어요.

진우는 만나자마자 헤어진다니 서운한 마음이 들었어요.

"네가 숫자를 사용하는 한 우리는 언제든지 다시 만날 수 있어."

진우의 서운한 마음을 읽기라도 한 듯 12번 요정이 말했어요. 12번 요정의 말에 나머지 요정들도 모두 고개를 끄덕였어요.

"그래, 또 보자. 만나서 반가웠어."

진우는 서운한 기색을 감추고 활짝 웃었어요.

4화. 미션, 엄마의 심부름

"진우야, 두부와 콩나물 좀 사다 줄래? 아, 맞다. 우유와 김도 사올래? 사과도 다섯 개 부탁해. 그리고 올 때 세탁소에서 아빠 셔츠 두 벌도 찾아오렴. 그리고 또……."
엄마는 생각나는 대로 아무렇게나 말했어요.
"엄마, 적어 주시든지……. 그리고 내가 한 번에 그걸 어떻게 다 해요?"
진우는 짜증을 내며 엄마에게 퉁명스럽게 말했어요.
"그럼 먼저 슈퍼에 다녀오고, 그 다음에 세탁소에 다녀오면 어때?"
엄마는 진우가 짜증을 내도 아랑곳 않고 웃으면서 말했어요.
"그럼, 엄마는 뭐 할 건데요? 나만 시키고……."

진우가 그렇게 말하자 엄마의 눈초리가 순식간에 사납게 변했어요.
"서진우, 네가 어질러 놓은 집 좀 봐. 블록은 거실 사방에서 굴러다니고……. 책은 보고 난 후에 책꽂이에 꽂으라고 했지? 옷을 벗었으면 세탁바구니에 넣으라고 했잖아. 그리고 네 방 정리는 언제 할 거야? 머리카락하고 먼지가 막 굴러다니는 거 안 보여?"
 엄마의 속사포 같은 잔소리에 놀라 진우는 쏜살같이 현관으로 가서 신발을 신었어요.
"알았어요. 먼저 슈퍼, 그 다음엔 세탁소에 갈게요. 헤헤."
 진우는 무조건 웃었어요. 이럴 땐 웃어야 해요.
"서진우!"
 엄마가 다시 진우를 불렀어요.
"뭐 해야 하는지 다 외워?"
 엄마는 사와야 할 것들을 적은 종이를 내밀었어요.
"돈도 가져가야지."
 그러면서 엄마는 만 원 짜리 한 장을 진우의 손에 쥐어 주었어요.
"다녀올게요."
 진우는 뒤도 돌아보지 않고 현관문을 열었어요.
"거스름 돈 잘 받아와야 해."
 닫히는 문 사이로 엄마의 목소리가 들렸어요.

'엄마는 잔소리하는 것이 재밌나 봐. 다른 즐거움을 찾아보면 좋을 텐데 말이야.'

진우는 투덜대며 걸었어요.

하지만 밖으로 나와 바람을 맞으니 기분이 상쾌했어요. 진우는 흥얼흥얼 노래를 부르며 슈퍼로 갔어요.

슈퍼에 들어서서 엄마가 준 종이를 폈어요.

> 슈퍼 - 두부 1모, 콩나물 1봉지, 500ml 우유 2개, 김 5봉, 사과 5개.
> 세탁소 - 아빠 셔츠 두 벌

진우는 물건을 찾아 주섬주섬 바구니에 넣었어요.

그러고는 계산대 위에 올려놓았어요.

마트 아주머니가 바코드를 찍으며 계산을 했어요.

그때였어요. 모니터에 표시된 숫자에서 작은 사람 같은 것이 쑤욱 고개를 내밀었어요.

"헉!"

진우는 기겁을 하며 낮은 비명을 질렀어요.

슈퍼 아주머니가 그 소리를 듣고 고개를 갸우뚱하며 말했어요.

"왜? 혹시 계산이 잘못됐니?"

"그런 게 아니라. 목이 갑자기 답답해서요. 아~아!"

진우는 목을 푸는 시늉을 했어요. 진우는 얼른 만 원을 아주머니에게 내밀었어요.

아주머니는 별 싱거운 녀석을 다 본다면서, 물건을 봉투에 넣어 주었어요. 그러고는 거스름돈을 내밀었어요. 진우는 아무 생각 없이 거스름돈을 주머니에 대충 넣었어요.

그 사이 요정들은 모니터에서 뛰어내려, 봉투 안으로 뛰어들어갔어요.

진우는 서둘러 슈퍼를 나왔어요.

"너희들 말이야, 제발 아무 데서나 나오지 마. 심장마비 걸리겠다."

툴툴거리며 말했지만 진우의 입에는 웃음이 걸려 있었어요.

진우는 집 쪽으로 걷기 시작했어요.

"쯧쯧쯧, 아직도 우리한테 적응이 안 됐나 봐."

"놔둬. 우리가 나타났을 때 놀라야 재미있지. 킥킥, 귀엽잖아."

숫자 요정들이 봉투 속에서 부스럭 부스럭 소리를 내며 떠들었어요.

"너희들 말이야. 거기 있는 두부 부서뜨리면 혼난다."

진우가 으름장을 놓았어요.

"정말 궁금한데 말이야. 도대체 너희는 어디에 있다 불쑥불쑥 나오는 거야?"

진우는 봉투를 열며 숫자 요정들에게 물었어요.

"전에 말했잖아. 숫자가 사용되는 곳이라면 어디에나 있다고. 숫자는 우리가 나올 수 있는 통로야."

그런데 5, 11, 12번 요정만 보였어요.

"다른 요정들은 어디 간 거야?"

"응, 다른 곳을 여행 중이야. 우리만 네가 있는 곳에 왔어. 재미있는 일이 일어날 것 같아서 말이야."

12번 요정이 말했어요.

"근데 이거 되게 푹신푹신하고 축축하네. 이거, 먹는 거야? 맛있어?"

5번 요정이 두부를 콕콕 찌르며 말했어요.

"어, 그거 망가지면 엄마한테 혼나. 얌전하게 있어 주라."

엄마한테 잔소리를 듣는 건 질색이니까요.

"근데, 너 계산은 제대로 한 거야?"

11번 요정이 의심스럽다는 듯 물었어요.

"내가 계산을 왜 하냐? 마트 아주머니가 알아서 다 해 주는데."

그러자 숫자 요정들이 혀를 끌끌 차며 한심하다는 듯 진우를 쳐다보았어요.

"너는 이제 숫자 요정들과 친구잖아. 그러니 이제부터라도 숫자에 관심을 좀 가져 보면 어때?"

12번 요정이 말했어요.

"그럴까? 좋아. 한번 확인해 볼까?"

진우는 엄마가 사오라는 것을 제대로 샀는지 봉투 안을 들여다 보았어요.

일단 빠뜨린 물건은 없는 것 같았어요.

다음에 진우는 가격을 확인해 보았어요.

두부 1모 500원, 콩나물 800원, 500ml 우유는 500원,
김은 한 봉에 200원, 사과는 개 당 800원.

"그러면 모두 얼마지? 음……. 복잡하네."

진우는 어려워서 쩔쩔맸어요.

"이봐. 너희들 계산 잘하지? 이것 좀 계산해 봐."

진우는 주머니에서 거스름돈을 꺼내면서 말했어요.

"쯧쯧쯧."

11번 요정이 진우를 보면서 고개를 좌우로 저었어요.

"내가 할게. 500원 짜리 물건이 3개, 800원 짜리 물건이 6개, 200원 짜리 물건이 5개잖아."

12번 요정이 앞으로 나서며 말했어요.

"500 곱하기 3은 1,500이고, 800 곱하기 6은 4,800이고, 200 곱하기 5는 1,000이니까, 모두 7,300원이네"

5번 요정이 계산을 했어요.

"네가 산 물건 값은 7,300원이야. 그런데 거스름돈을 얼마 받았어?"

12번 요정이 물었어요.

"아, 그렇구나. 거스름돈을 세어 볼게. 천 원짜리가 2장이고 백 원짜리가 7개네."

진우가 돈을 세며 말했어요.

"그럼 2,700원이네. 맞게 받았어."

11번 요정이 말했어요.

"우와~ 너희들, 계산이 정말 빠르다."

진우는 감탄을 하며 짝짝짝 박수를 쳤어요. 그러자 지나가던 사람이 가까이 와서 이상하다는 듯 쳐다보았어요.

'아, 맞다. 요정들은 다른 사람들 눈에는 안 보이지.'

진우는 얼른 딴청을 피웠어요.

그 모습을 보고 5번 요정이 깔깔깔 웃었어요.

진우가 산 물건값

500×3 = 1,500   800×6 = 4,800   200×5 = 1,000

1,500 + 4,800 + 1,000 = 7,300

진우는 집으로 돌아와 엄마에게 물건이 든 봉투와 거스름돈을 내밀었어요.

엄마는 진우가 사온 물건과 거스름돈을 확인했어요.

"이제 세탁소 다녀올게요. 그런데 2,700원으로 아빠 셔츠 두 벌을 찾으라고요?"

진우의 말을 듣고 엄마가 놀라며 말했어요.

"서진우, 웬일이야? 거스름돈 액수까지 확인하고……. 흠흠, 엄마가 일부러 적게 준 거야. 수학 공부 좀 시키려고."

엄마는 웃으며, 3,000원을 진우에게 주었어요.

진우는 3,000원을 들고 다시 현관문을 나섰어요.

그때 주머니에서 요정들이 밖으로 고개를 삐죽 내밀었어요.

"진우가 엄마를 닮았구나."

12번 요정이 뭔가 이해했다는 듯 고개를 끄덕이며 말했어요.

"무슨 뜻이야? 좋은 뜻이야?"

진우가 묻자 12번 요정이 히죽 웃더니 말했어요.

"덜렁대는 게 똑같다는 말이야. 계산도 안 해 보고 물건 값을 주고는 공부를 시키려고 일부러 그랬다고 엄마가 딴소리를 하시잖아?"
"엄마는 바쁘니까 그럴 수도 있지."
진우는 엄마 편을 들었어요.
"그런데, 진우야. 너 사칙연산은 할 줄 알아?"
갑자기 11번 요정이 물었어요.
"사칙연산? 어디서 들어본 말 같은데……."
진우는 고개를 갸우뚱했어요.
"덧셈, 뺄셈, 곱셈, 나눗셈을 이용하여 셈을 하는 것을 사칙연산이라고 해."
12번 요정이 친절하게 설명했어요.
"아, 그래? 쉽게 말을 해야 알지. 그걸 사칙연산이라고 하는구나."
진우는 무릎을 탁 치며 말했어요.
"크크, 알았으면 사칙연산을 다시 설명해 봐. 예를 들어서 말이야."
5번 요정은 진우를 시험해 보고 싶어 했어요.
"좋아, 해 볼게. 여행 간 친구들 9명이 돌아오면 숫자 요정이 모두 몇 명인지 알려면 더하기를 하면 돼. 즉 3+9=12야. 그러니 답은 12명이야. 또 아까 김을 5봉 샀는데, 만일 너희들이 한 봉씩 먹는다면 2봉이 남게 돼. 이건 뺄셈으로 알 수 있어. 5-3=2, 이렇게 말이야. 그리고 슈퍼에서 800원짜리 사과를 5개 샀잖아? 사과 값이 모두 얼마인지 계산하려면 곱셈을 해야 해. 800×5=4,000이니 사과 값은 4,000원이지. 아……. 나눗셈은 뭘 할까? 그래, 사과가 8조각 있는데 우리 4명이 똑같이 나눠먹는다면 몇 조각씩 먹을 수 있을까? 8÷4=2야. 그러니 두 조각씩 먹을 수 있어. 어때, 대단하지?"

진우는 자신만만하게 설명했어요.

"정말 잘 이해하고 있구나."

5번 요정이 엄지를 치켜들며 말했어요.

"양호해. 그렇지만 넌 계산을 빨리 할 수 있어야 해. 그러려면 연습이 필요해."

12번 요정이 말했어요.

"연습? 별로 불편함을 모르겠는데? 그런데 왜 어려운 수학 공부를 무조건 해야 하는 거야?"

생각해 보니 진우는 화가 났어요.

"크크크, 너 참 귀엽다."

5번 요정이 키득키득 웃었어요.

진우는 5번 요정을 노려보았어요.

5번 요정은 혀를 내밀어 진우를 놀리고는 주머니 속으로 쏙 들어가 버렸어요.

"수학을 못하면 아주 불편해."

12번 요정이 차분하게 말했어요.

"진우야, 걱정 마. 우리는 아주 친절한 선생님이거든. 네가 도와달라고 외치면 절대 모른 척하지 않을 거야. 아~, 너무 착하면 피곤한데 말이야."

11번 요정이 자신의 어깨를 두드리며 잘난 척을 했어요.

"도대체 무슨 소리를 하는 거야?"

진우가 황당한 표정을 짓자 12번 요정이 웃으며 말했어요.

"수학이 있어서 사람들이 편리하게 살고 있는 거야. 우리가 너에게 수학이 사람들의 삶에 얼마나 가까이 있는지 알려 줄게. 자 그럼 뭐부터 말해 줄까?"

요정들은 눈을 초롱초롱 빛내면서 진우를 쳐다보았어요.

"됐어. 마치 엄마가 세 명 더 생긴 기분이야. 자, 오늘은 이만 들어가."

진우는 주머니에 손을 넣어 천 원을 꺼냈어요. 그러고는 검지로 요정들을 1,000이라고 적힌 숫자 속으로 밀어 넣었어요. 요정들은 들어가지 않으려고 애를 쓰며 낑낑거렸어요.

그러나 진우는 작은 요정들을 손쉽게 들여보냈어요.

"어우, 서진우. 도대체 왜 이래? 우리가 친절하게 가르쳐 주려는데."

5번 요정이 돈의 테두리를 부여잡고 들어가지 않으려고 애를 쓰며 말했어요.

진우는 5번 요정의 옆구리를 간지럽혔어요.

깔깔깔 웃다가 힘이 빠진 5번 요정도 할 수 없이 1,000이라고 적힌 숫자로 쏘옥 들어갔어요.

"휴우……."

진우는 한숨을 내쉬었어요.

그런데 또 요정들의 목소리가 들렸어요.

"우리가 그런다고 못 나갈 줄 알아?"

요정들이 낑낑대며 진우의 운동화 밑바닥을 밀었어요.

"뭐야?"

진우는 요정들이 다치지 않도록 얼른 발을 들었어요.

요정들이 신발 바닥에 220이라고 적힌 숫자에서 나오는 거였어요.

진우는 피식 웃음이 났어요. 진우가 웃으니 요정들도 따라 웃었어요.

그런데 신발 바닥에서 나오는 게 자존심 상했는지 저희끼리 싸웠어요.

"누가 이 길로 나오자고 했어? 골라도 꼭 이런 곳을."

그러고는 이내 어디론지 사라져 버렸어요.

"여하튼 귀엽기는."

진우는 그들이 사라진 곳을 쳐다보며 혼잣말을 했어요.

1. 아라비아 숫자는 어느 나라에서 발명했을까요?

우리들이 사용하고 있는 1, 2, 3, 4, 5, … 를 아라비아 숫자라고 해요. 이 숫자들은 약 1400여 년 전 인도에서 처음 만들어졌어요.

인도인들은 후에 0이라는 새로운 숫자를 생각해내어 이들 10개의 숫자로 모든 수를 나타냈어요.

아라비아인들은 인도로부터는 이 숫자를 배워 장사하는 데 썼어요. 숫자는 유럽으로 건너갔고 마침내 세계적으로 쓰이게 되었어요. 사람들은 이 숫자를 아라비아 상인들이 썼기 때문에 아라비아 숫자라고 불렀어요.

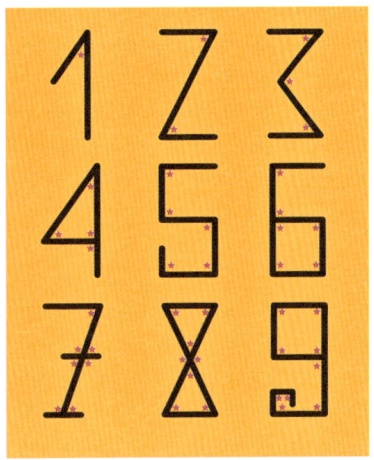

2. 시간과 시각은 차이점은 무엇일까요?

시간 : 어떤 시각에서 어떤 시각까지의 사이를 말해요.
　　　예)영화를 보면서 시간을 보내다.
시각 : 시간의 어느 한 시점을 말해요.
　　　예) 해 뜨는 시각.　자정이 넘은 시각.

3. 사칙연산 기호는 언제 만들어졌을까요?

+   13세기경 이탈리아 수학자인 레오나르도 피사노가 7 더하기 8을 '7과 8'로 썼어요. 라틴어로 '과'를 et라고 써요. 이것을 더 줄여 +의 기호를 썼어요.

−   1489년 독일의 수학자인 비드만이 '모자란다.' 라는 뜻의 라틴어 단어 minus를 썼어요. minus의 약자는 −m예요. 여기서 다시 −만 따서 쓰게 되면서 − 기호가 생겨났어요.

×   십자가에서 유래되었다고 전해져요. 이 기호가 처음 나타난 것은 영국의 월리엄 오오트렛이 1631년에 쓴 ≪수학의 열쇠≫라는 책에서예요.

÷   10세기경, 수학책에는 '10 나누기 ÷5' 등과 같이 '나누기' 라는 말이 기호와 함께 쓰여 있어요. 차차 문자인 '나누기'는 없애고 간단하게 ÷만 쓰게 되었어요.

=   1557년 R 레코드(1510~1558)가 쓴 ≪지혜의 숫돌≫이라는 책에서 처음 쓰였어요. 그런데 우리가 지금 쓰는 것보다 모양이 옆으로 더 길었어요.

5화. 시계 속에 숨어 있는 수학

"학교 다녀왔습니다."

진우는 가방을 소파 위에 아무렇게나 벗어 던지고는 냉장고로 달려갔어요.

"아, 배고파."

진우는 냉장고를 열고 간식이 있나 요리조리 살펴보았어요.

그때 베란다에서 엄마의 목소리가 들렸어요.

"식탁에 바나나 있어. 우유 꺼내서 바나나와 같이 먹어."

엄마는 빨래를 널고 있었어요.

"네."

진우는 얼른 식탁 위에 있는 바나나를 집어 들었어요. 그리고는 껍질을 식탁 위에 휙 던지고는 한입 먹었어요.

'아차, 또 혼나겠다.'

진우는 바나나 껍질을 쓰레기통에 버린 뒤, 우유를 가져와 컵에 따라 벌컥벌컥 마셨어요.

그 사이 엄마가 빨래를 다 널고 거실로 들어왔어요.

"진우야, 천천히 마셔. 누가 안 쫓아와."

엄마는 주방으로 들어가 냉장고를 열며 말했어요.

"팬케이크 구워 줄까?"

"안 먹어요. 저, 민재네 집에 강아지 보러 가야 해요."

"웬 강아지?"

엄마는 냉장고 문을 닫으며 진우에게 물었어요.

"민재 할머니네 강아지가 새끼를 낳아 한 마리를 가져왔대요."

진우는 바나나를 또 한입 베어 물며 말했어요.

"그렇구나. 언제 가기로 했는데?"

"3시요."

진우는 그렇게 말하며 벽시계를 쳐다보았어요.

시곗바늘이 2시를 가리키고 있었어요.

'1시간이나 남았네. 그동안 뭐하고 놀까?'

진우는 바나나를 우물우물 씹으며 생각했어요.

"너 속으로 1시간 동안 뭐하나 생각했지? 숙제를 먼저 하고 놀러 가는 건 어때?"

엄마는 진우의 마음을 꿰뚫어 보며 말했어요.

"알았어요."

진우는 고개를 푹 숙이며 말했어요.

'아~, 숙제하기 싫다. 그래도 어차피 해야 할 거 얼른 하고, 마음 편하게 놀자.'

진우는 마음을 고쳐먹고 방으로 들어갔어요.

진우는 숙제를 대충 해치웠어요.

그래도 2시 40분밖에 되지 않았어요.

숙제를 마치고 나니 홀가분했어요.

진우는 콧노래를 부르며 몸을 이리저리 흔들며 춤을 추었어요.

그때 킥킥대는 소리가 들렸어요.

소리 나는 곳을 보니, 요정들이 벽걸이 시계 속 여기저기에 걸터앉아서 진우를 내려다보고 있었어요.

"왔어?"

진우는 조금 부끄러웠지만 아무렇지도 않은 척 말했어요.

"아무래도 진우, 너는 공부를 열심히 해야 할 것 같아. 춤에는 영 소질이……."

11번 요정이 혀를 끌끌 차며 말했어요.

"춤이라면 내가 빠질 수 없지."

5번 요정이 시곗바늘 위에서 엉덩이를 쭉 빼고 몸을 흔들었어요. 그러다 그만 시곗바늘 아래로 다리 하나가 미끄러지는 바람에 팔을 허우적거렸어요.

"푸하하하, 그게 뭐야?"

진우는 깔깔거리며 웃었어요.

진우는 침대에 걸터앉으며 요정들을 쳐다보았어요.

"그런데 너 아까부터 시계를 자꾸 보더라. 어디 가려고?"

12번 요정이 물었어요.

"응, 친구 민재네 집. 민재네 집에 오늘 강아지가 온대. 3시에 보러 가기로 했어."

진우는 친절하게 설명해 주었어요.

"그렇구나. 진우야, 시계 볼 줄 아니 참 좋지?"

12번 요정이 턱을 괴며 말했어요.

"당연히 좋지. 시계를 못 보면 약속 정하기도 힘들잖아."

진우가 으스대며 말했어요.

"맞아. 시계는 사람들이 생활하는 기준점(어떤 것을 할 때 기준이 되는 생각이나 사실)이 되기도 하지. 그런데 시계에도 수학의 원리가 숨어 있다는 거 알고 있니?"

12번 요정이 말했어요.

"당연하지. 시계에 숫자가 쓰여 있잖아. 그 정도는 나도 알아."

진우가 툴툴대며 대꾸했어요.

"아니, 내 말은 시계 보는 방법에 수학의 원리가 숨어 있다는 뜻이야."

11번 요정이 웃으며 말했어요.

"그래? 시계 보는 방법에 수학의 원리가 숨어 있다고?"

진우는 호기심이 생겼어요.

"자, 봐. 시계에는 1부터 12까지의 숫자가 있어. 그리고 짧은 바늘, 긴 바늘, 그리고 가늘고 긴 바늘이 숫자를 가리키고 있어. 짧은 바늘은 시를, 긴 바늘은 분을, 가늘고 긴 바늘은 초를 나타내. 같은 숫자를 가리키더라도 바늘에 따라 시침, 분침, 초침이라고 다르게 읽어."

12번 요정이 차분하게 설명했어요.

"훗, 그 정도는 나도 안다고."

진우는 코웃음을 치며 말했어요.

"마저 설명을 할게. 시계에 표시된 숫자는 1부터 12까지지만 시계는 0부터 60까지의 숫자를 나타낼 수 있어. 이게 가능한 이유는 곱하기와 나누기를 사용하기 때문이야."

11번 요정이 설명을 했어요.

"곱하기와 나누기가 사용된다고?"

진우는 의아했어요. 시계에는 곱하기나 나누기 표시 따위가 없는데 말이에요.

"여기서 문제 하나 낼게. 짧은 바늘이 1에 가면 몇 시일까?"

5번 요정이 진우에게 질문을 했어요.

"크크, 너무 쉽잖아. 당연히 1시지."

진우는 자신만만하게 대답했어요.

"그럼 긴 바늘이 1에 가면 몇 분일까?"

5번 요정이 다시 질문을 했어요.

"이번에도 쉬운 문제, 당연히 5분이지. 나도 그 정도는 알고 있다고."

"딩동댕, 맞았어. 그런데 왜 바늘에 따라 다르게 읽어?"

5번 요정이 '이번에는 모를 걸?' 하는 표정으로 생글거리며 물었어요.

"어, 그건. 그러니까……."

진우는 대답을 할 수 없었어요. 정말 모르니까요.

"거봐, 모르잖아. 시계를 사용할 줄만 알지, 시계 속에 숨겨진 수학의 원리는 모르잖아. 시계 없이 사는 것을 생각해 봐. 수학이 없었다면 시계는 발명되지 못했을 거야."

11번 요정이 말했어요.

"시계가 없다면 엄청 불편하겠지."

만일 시계가 없다면 모두들 우왕좌왕할 거예요.

진우의 심각한 표정을 보더니 5번 요정이 웃으면서 말했어요.

"다행히 세상에는 수학을 좋아하는 사람들이 있어. 그런 사람들이 수학을 사용해서 시계처럼 편리한 물건을 만든 거야. 진우, 너도 그런 멋진 일을 해 보고 싶지 않니?"

5번 요정이 평소와 다른 진지한 표정으로 진우를 보며 말했어요.

그러자 진우도 덩달아 진지해졌어요.

"어, 그래. 나도 그런 일을 하고 싶어."

"자, 그럼 이제 시계 속에 숨겨진 수학의 원리를 설명해 줄게. 우선 1시간은 60분이라는 건 알고 있지?"

"응."

"시계의 긴 바늘이 1에서 12까지 한 바퀴를 돌고 나면 한 시간이 지난 거야. 그럼 다른 말로 몇 분이 지난 거지?"

"60분."

"그런데 보다시피 시계에는 60이라는 숫자가 안 쓰여 있어. 그럼 어떻게 알까?"

"글쎄……."

"사람들은 1시간을 60분이라고 정했어. 그걸 12개의 숫자로 나누는 거야. 그럼 60÷12=5, 그래서 분침이 1에 가면 5분, 초침이 1에 가면 5초가 되는 거지. 같은 원리로 분침이 2에 가면 10분. 3에 가면 15분이 되는 거지. 여기는 곱하기의 원리가 들어가게 돼. 1×5=5, 2×5=10, 3×5=15, 이렇게 말이야."

진우는 12번 요정의 설명을 듣고 고개를 끄덕였어요.

"아, 그래서 학교에서 구구단을 외우라고 하는구나. 시계 속에 구구단이 숨어 있네."

진우는 고개를 끄덕이며 웃었어요.

"초침이 1에서 12까지 한 바퀴를 돌면 1분이 지나는 거야. 이 바늘은 엄청 빨리 돌아. 성격이 엄청 급해. 그리고 분침이 12를 출발점으로 다시 12로 돌아오면 1시간이 지난 거야. 그동안 시침은 천천히 한 칸을 이동해. 1에서 2로. 시침은 성격이 너무 느긋하거든. 혹시 시계 바늘끼리 성격이 안 맞아서 매일 싸우는 건 아닐까?"

5번 요정이 키득거리며 말했어요.

"이제 내가 설명해 볼게. 시침은 정직해. 1에 있으면 1시, 2에 있으면 2시, 그리고 12까지 돌고 나면 12시간이 지난 거야. 맞지?"

진우는 으스대며 말했어요.

그러자 요정들이 휘파람을 불며 박수를 쳤어요.

"오, 훌륭해. 가르친 보람이 있네. 그렇지만 좀 더 들어봐."

11번 요정이 설명을 이어갔어요.

"시침은 하루에 두 바퀴를 돌아. 그래서 12×2=24. 즉 하루는 24시간이 되는 거지. 그럼 이틀이면 몇 시간일까? 24×2=48이니 48시간이야. 어때, 설명이 귀에 쏙쏙 들어오지?"

11번 요정이 진우의 표정을 살피며 말했어요.

"응, 너희들은 아주 훌륭한 수학 선생님이야."

진우의 말을 듣고 요정들은 흐뭇한 표정을 지었어요.

"그런데, 나 이제 민재네 가야 해. 벌써 3시거든."

진우는 침대에서 일어나며 말했어요.

민재네 초인종을 누르자 민재가 후다닥 달려오는 소리가 들렸어요. 민재는 현관문을 활짝 열었어요. 민재의 품에는 예쁜 강아지 한 마리가 안겨 있었어요.

"우와, 너무 귀엽다."

진우는 눈이 커지고, 입이 벌어졌어요.

"들어와, 냥이가 우유 먹고 있었어."

민재는 거실로 들어가며 말했어요.

"크크크, 강아지 이름이 냥이야? 보통 고양이를 냥이라고 하지 않나?"

"강아지 이름에 대한 편견을 버려. 고양이만 냥이가 아니라고."

민재는 웃으며 강아지를 내려놓았어요.

"냥이야, 우유 먹자."

민재가 우유 그릇을 냥이 앞에 내밀었어요.

그러나 냥이는 냄새를 킁킁 맡더니 진우의 무릎 위로 냉큼 올라왔어요. 그러고는 진우의 주머니에 코를 박고 킁킁 냄새를 맡았어요.

"어, 왜 그러지?"

진우는 냥이를 바닥에 내려놓으려고 했어요. 하지만 냥이는 앞발로 주머니를 벅벅 긁었어요.

"으악~ 이게 뭐야. 저리 가, 저리 가."

주머니 속에서 요정들이 기겁을 하며 소리를 질렀어요.

요정들이 민재네 집을 구경하고 싶다고 해서 진우가 주머니에 넣어 왔거든요.

진우는 요정들이 호들갑을 떨자 웃음이 피식 났어요.

"너 왜 갑자기 혼자 웃어?"

민재가 눈을 가늘게 뜨고 진우를 쳐다보았어요.

그러더니 진우에게로 와서 주머니를 만져 보았어요.

"냥이야, 왜 그래? 주머니에 뭐가 있어? 아무것도 없는데……."

민재는 주머니를 만지며 고개를 갸웃거렸어요.

"이상하네."

진우는 비실비실 웃기만 했어요.

알쏭달쏭

시계는 언제부터 만들어지기 시작했을까요?

1. 해시계

인류 최초의 시계는 해시계예요.

지구는 하루에 한 바퀴 자전을 하기 때문에 지구에서 보는 태양도 하루에 한 바퀴 돌게 돼요. 그러므로 한 바퀴인 360도를 24시간으로 나누면, 한 시간에 15도씩 돌아간다는 것을 알 수 있어요. 태양이 동쪽에서 떠서 서쪽으로 한 시간에 15도씩 이동하므로 그림자도 1시간에 15도씩 서쪽에서 동쪽으로 이동해요. 그림자를 이용해서 시간을 알 수 있도록 한 것이 해시계예요.

① 그노몬

인류 최초의 시계는 BC 4000년경 이집트의 아낙시만드로스가 발명한 그노몬이라는 해시계예요. 땅에 원과 눈금을 그리고 그 가운데 막대기를 꽂아 생기는 그림자로 시간을 파악했어요.

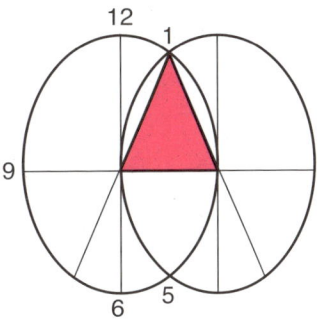

두 개의 원을 꼭짓점이 겹치게 그린 후 겹치는 곳의 꼭짓점을 이으면 정삼각형이 돼요. 위 그림에서 정삼각형의 꼭짓점 부분이 1시예요. 이와 같은 방법으로 원을 12등분해서 시간을 정했어요.

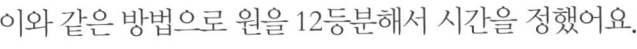

② 앙부일구

　조선의 장영실이 1438년에 만들었어요. 해가 동쪽에서 떠서 서쪽으로 질 때 생기는 그림자로 시간을 정했어요.

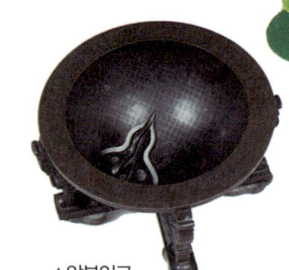
▲앙부일구

2. 물시계

　해시계의 단점을 보완한 것이 물시계예요. 물시계는 물의 양을 측정하여 시간을 알 수 있게 하는 시계예요. 바빌로니아나 이집트에서는 기원전 1600년경부터 그릇 모양의 용기에 물을 담아 시간을 측정하는 물시계가 사용되었고, 이후 그리스·로마에서도 사용되었어요. 우리나라에서는 통일 신라 시대에 물시계를 사용했다는 기록이 있으며, 1434년 세종 대왕의 명에 의해 장영실이 자동으로 시간을 알리는 물시계를 발명했어요.

▲ 장영실이 발명한 물시계

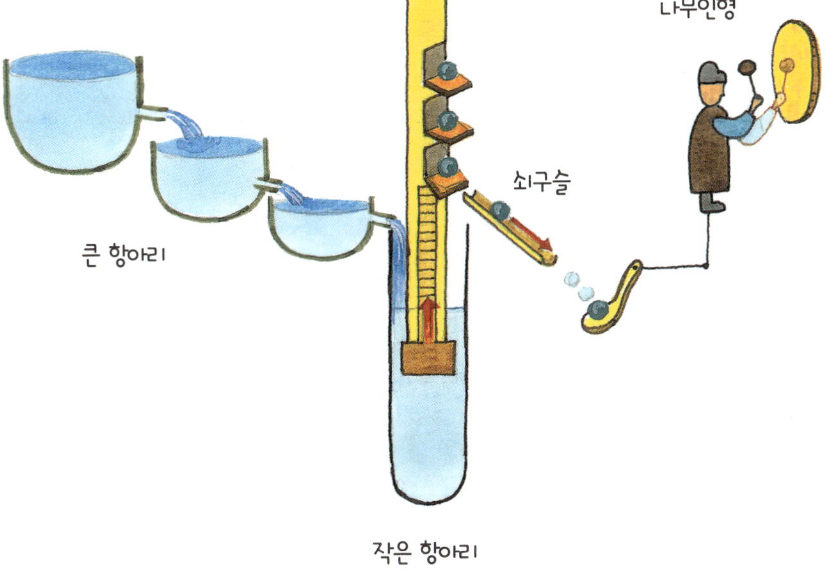

1. 큰 항아리에서 흘러내린 물이 원통 항아리로 들어가요.
2. 살대가 떠오르면 쇠구슬이 떨어져 동판을 쳐서 인형을 움직이게 해요.
3. 인형이 징을 울려 시간을 알려요.

3. 기계시계

태엽이나 건전지에서 힘이 나와서 톱니와 시곗바늘을 움직이고 종을 치게 하는 원리로 14세기부터 서서히 시작됐어요. 초창기 시계 제작자는 천문학자, 철학자들이었고, 실제 시계 제작에는 가난한 농부도 동참했어요.

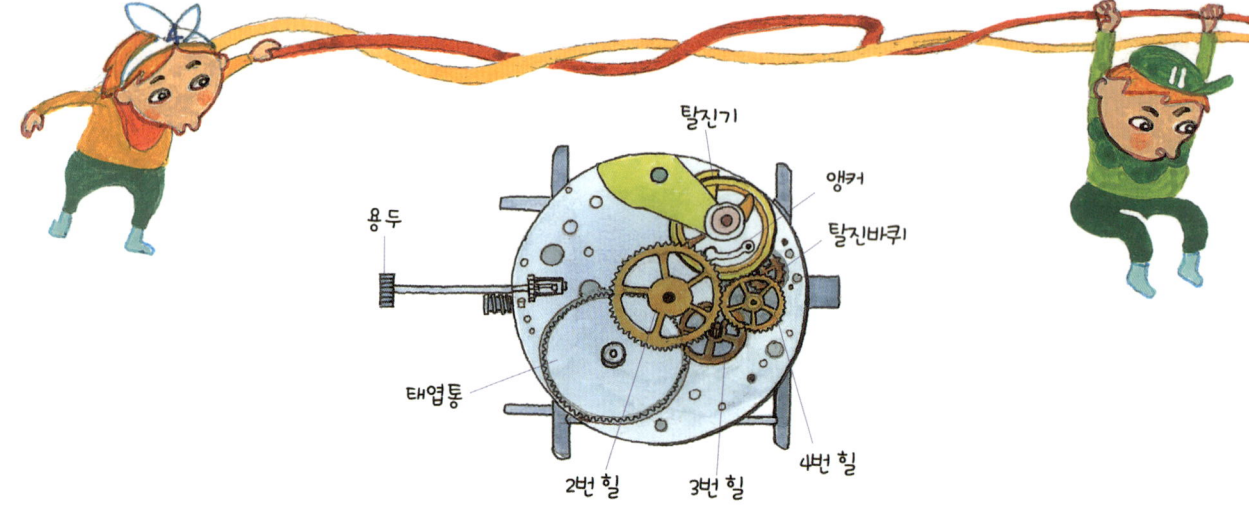

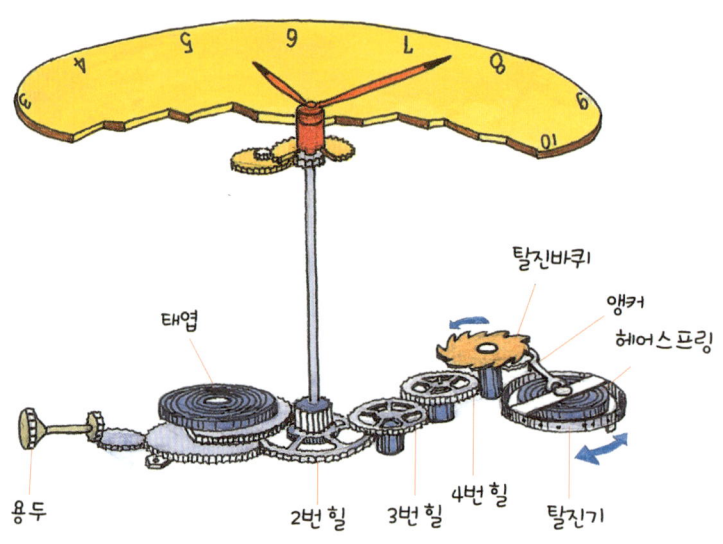

1. 용두, 태엽통 – 에너지를 공급하는 장치
2. 2, 3, 4 힐 – 에너지를 시계 안으로 전달하는 장치
3. 탈진바퀴, 앵커 – 에너지가 한꺼번에 손실되지 않게 하는 장치
4. 탈진기 – 시간이 규칙적으로 흐르도록 해 주는 장치
5. 초침, 분침, 시침 – 시간을 가리키는 장치

6화. 달력 속에 숨어 있는 수학

엄마가 식탁에 앉아 달력을 보며 무언가를 종이에 적고 있었어요.

"엄마, 뭐 해요?"

"할머니 기일이 언제인지 보고 있었어."

엄마는 기일에 쓸 식품 재료들을 종이에 적고 있었어요.

"선생님이 그러시는데 메모하는 습관은 좋은 거래요."

"진우가 엄마를 칭찬하는구나."

엄마는 진우의 머리를 쓰다듬어 주었어요. 물론 지나쳐서 머리카락을 마구 헝클어 버렸지만요. 엄마는 너무 과격해서 탈이에요.

"아, 엄마. 그만."

진우는 손가락으로 머리카락을 정리하며 엄마 옆에 앉아 달력을 같이 보았어요.

　엄마는 9월 14일에 동그라미를 그려 놓았어요.

"엄마, 9월 14일이 할머니 기일이에요?"

"응, 그래."

　그런데 숫자 밑에 작은 글씨로 7/1이라는 숫자가 쓰여 있었어요.

"엄마, 여기 작은 숫자는 뭐예요?"

　진우는 손가락으로 작은 숫자를 가리키며 물었어요. 예전에도 그 작은 숫자가 무엇을 의미하는지 몰라 궁금했어요.

"요즘 진우가 궁금한 게 많구나. 기특한 우리 아들."

　엄마는 그러면서 또 엉덩이를 두드렸어요.

"아, 엄마 좀."

　진우는 귀찮다는 듯 엉덩이를 살짝 돌렸어요. 그래도 엄마는 아랑곳 않고 진우의 엉덩이를 마구 두드렸어요.

"이 작은 숫자는 음력을 나타내는 거야. 요즘엔 주로 양력을 사용하지만 예전에는 음력을 주로 사용했지. 양력으로 9월 14일은 음력으로 7월 1일이란 뜻이야."

　엄마는 달력의 숫자를 손가락으로 짚으며 말했어요.

"양력? 음력?"

　진우는 고개를 갸웃거렸어요.

숫자가 적혀 있는 것치고 쉬운 게 없는 것 같아요.

궁금증을 해결해 줄 생각은 하지 않고 엄마는 또 한 번 진우의 엉덩이를 팍팍 두드리곤 일어나 거실로 가 버렸어요.

'숫자 전문가들에게 물어봐야겠군.'

진우는 달력을 들고 방으로 왔어요.

진우는 달력에 있는 숫자들을 톡톡톡 두드리며 말했어요.

"요정들아, 나와라."

하지만 아무 일도 일어나지 않았어요.

진우는 숫자에 대고 다시 한 번 큰 소리로 말했어요.

"응답하라, 요정들아."

그래도 반응이 없었어요.

"안 들리나? 나오고 싶으면 아무 데서나 불쑥불쑥 나타나 놀라게 하더니, 지금은 왜 불러도 응답이 없는 거야?"

진우는 김이 팍 세서 달력을 침대에 휙 집어 던졌어요.

"아야! 야, 성격이 왜 이리 급해?"

5번 요정이 달력 밑에서 인상을 쓰며 기어나왔어요. 그 뒤로 3번 요정과 12번 요정이 따라나왔어요.

"진우야, 나야!"

3번 요정이 수줍게 웃으며 말했어요.

"우와, 3번 요정 오랜만이야."

진우는 반가워서 활짝 웃으며 3번 요정의 머리를 살짝 쓰다듬었어요.

그러자 3번 요정이 얼굴을 붉히며 부끄러워했어요.

"그런데 11번 요정은 어디 갔어?"

진우가 묻자 12번 요정이 말했어요.

"어제 늦게까지 놀아서 자고 있어."

"쯧쯧 게으르긴……. 해가 중천에 뜬 지 언제인데."

진우는 혀를 끌끌 찼어요.

"그런데 우릴 왜 불렀어? 우리가 보고 싶었어?"

5번 요정이 입술을 내밀며 혀 짧은 소리로 말했어요.

"이거 말이야. 너희들, 달력 알지?"

진우는 요정들 앞에 달력을 내밀었어요.

"당연히 알지. 우리는 모르는 게 없어. 하하하. 가끔 모르는 게 있지만 그건 가뭄에 콩 나듯 아주 어쩌다 있는 일이고."

5번 요정이 허리에 손을 얹고 잘난 척을 하는 사이 12번 요정이 얼른 나서며 말했어요.

"날짜를 나타내기 위해 사용되는 것이지."

"쳇, 그걸 누가 몰라?"

진우가 어처구니없다는 듯이 말했어요.

"궁금한 게 구체적으로 뭐야?"

12번 요정이 침대에 털썩 앉으며 물었어요.

"양력과 음력의 날짜가 왜 다른지 알고 싶어."

진우가 말하자 요정들이 눈을 반짝거렸어요.

"지구는 태양의 둘레를 돌고 있어. 총 거리 9억 5천만 km를 시속 10만 7천 km로 돌지. 지구가 제자리로 돌아오기까지 365일이 걸려. 그것을 열두 달로 나누면 한 달이 대략 30일 정도 돼. 정확히 말하면 1, 3, 5, 7, 8, 10, 12월은 31일까지 있고. 4, 6, 9, 11월은 30일까지 있지.

하지만 2월은 좀 달라. 28일까지 있고, 4년에 한 번은 29일까지 있어."

진우는 12번 요정의 설명을 듣고는 다시 한 번 정리해서 말했어요.

"어쨌든 지구가 태양을 한 바퀴 도는데 365일이 걸리고, 365일을 열두 달로 나누었다는 거지? 그래서 한 달이 대략 30일쯤 된다는 말이잖아?"

"그래, 맞아. 이제 내가 설명할게."

이번에는 3번 요정이 나서며 말했어요.

"지금 설명한 게 바로 양력이야. 태양을 기준으로 해서 양력이라고 하는 거야. 내가 여행하면서 보니, 요즘 사람들은 거의 양력을 기준으로 하는 것 같더라. 그 이유는 직업이 다양해졌기 때문이야. 하지만 옛날에는 대부분 농사를 지어 생활했기 때문에 날씨가 굉장히 중요했어."

진우는 예전에 학교에서 상추를 키웠던 것을 떠올렸어요. 화분에 상추씨를 심은 다음 물을 주고 햇볕이 잘 드는 곳에 두었어요. 식물이 자라려면 물과 햇빛이 필요해요.

"맞아, 농사를 지으려면 날씨가 중요해."

진우가 자신의 말을 잘 알아듣자 3번 요정이 기분이 좋아서 배시시 웃었어요.

"비가 와야 식물에게 물을 공급해 줄 수 있고, 따뜻한 시기, 더운 시기, 추운 시기를 알아야 농사를 지을 수 있어. 그래서 사람들은 날씨를 무

척 궁금해했어. 그래서 달을 관찰했지. 일정한 주기로 달의 모양이 변하는 것을 보고 사람들은 달의 모양으로 날짜를 짐작하게 되었어. 또 날짜를 기준으로 날씨가 바뀐다는 것도 알았지. 마침내 달의 변화에 따라 날수를 표시한 달력을 만들었어. 이것이 음력이야. 달력이 있어서 농사지을 때 사람들은 아주 도움을 많이 받았어."★

"그렇구나. 그것이 음력이구나."

진우는 3번 요정의 설명이 귀에 쏙 들어왔어요.

"그런데 음력엔 문제가 있었어."

3번 요정이 심각한 얼굴을 했어요.

"무슨 문제?"

진우는 궁금해서 성마르게 물었어요.

"오호, 서진우. 배우는 태도가 아주 적극적이야."

5번 요정이 휘파람을 불며 말했어요.

"음력은 한 달을 30일과 29일로 번갈아가며 사용해. 그런 식으로 계산하면 1년이 354일밖에 되지 않아. 지구가 태양을 도는데 365일이 걸리잖아? 그런데 음력으로 계산하면 354일이니 11일이나 부족하게 돼."

"그럼 어떡해?"

진우는 고개를 갸우뚱했어요.

"매년 11일씩 나는 차이가 계속 반복되면 나중에는 5월이 겨울이 되어 버리는 일도 생겨. 계절과 월이 아예 달라져 버리는 거야."

"그런데 음력을 어떻게 아직도 쓰는 거야?"

진우는 정말 궁금했어요.

"아주 좋은 질문이야. 그래서 음력의 문제를 해결하기 위해 사람들은 24절기를 생각해냈어."

"절기?"

진우는 고개를 갸웃거렸어요.

"그래, 절기는 지구가 태양을 한 바퀴 도는 날짜를 대략 360일이라고 생각하고 24로 나눈 거야. 이제 사람들은 달을 보고 날짜를 알고, 농사는 정해진 절기★를 따르면 되었어."

진우는 숫자 요정들의 설명을 들으니 비로소 이해가 되었어요.

"절기를 생각해낸 사람은 틀림없이 수학을 좋아하는 사람이었을 거야. 수학을 좋아하는 사람이 많아야 세상이 편리해진다는 말을 이해할 것 같니? 거기, 달력에 추분이라고 적힌 글자 보여?"

12번 요정이 달력을 가리키며 말했어요.

"응. 추분, 보여."

"추분 말고도 춘분, 하지, 동지 뭐 이렇게 쓰여 있는 거 본 적 있어? 그게 절기의 이름이야."

이번엔 5번 요정이 설명해 주었어요.

"아, 그렇구나. 그런데 너희는 숫자 말고도 어떻게 태양, 지구, 절기까지 다 알고 있는 거야?"

진우는 요정들의 폭 넓은 지식에 감탄했어요.

"크크크. 과학 속에 수학의 원리가 숨어 있기 때문이야. 수학을 모르면 과학을 이해할 수 없어."

5번 요정이 잘난 척을 하며 으스댔어요.

"그렇구나. 수학은 정말 필요한 거 같아."

진우는 고개를 끄덕이며 말했어요.

"아, 설명했더니 배고파."

갑자기 그렇게 말하며 요정들이 침대 위에 벌렁 드러누웠어요.

"크크크, 기다려 봐."

진우는 주방으로 가려고 일어났어요.

그런데 진우는 무엇을 가져다 줘야 할지 몰라 망설였어요.

"잠깐, 그런데 너희는 뭐 먹어? 설마 이슬만 먹고 사는 건 아니겠지?"

"그딴 걸 어떻게 먹어? 당장 가서 냉장고에 있는 음식을 몽땅 가져와."

5번 요정이 손을 휘저으며 말했어요.

"호호, 알았어."

진우는 웃으며 방문을 열고 나갔어요.

알쏭달쏭

달은 왜 모양이 변할까요?

달이 지구 주위를 돌면서 햇빛에 반사되어 눈에 보이는 부분이 달라지기 때문이에요. 음력 1, 2일경에는 달이 거의 보이지 않다가 3일경에는 서쪽 하늘에 초승달이 보이다가 사라져요. 음력 7, 8일경에는 남쪽 하늘에 상현달이 나타나며 15일이 되면 동쪽 하늘에서 보름달이 떠올라요. 이후로는 달이 점점 기울며 음력 22일경이 되면 하현달이 되어 나타나요. 달은 더욱 작아져서 음력 28일경이 되면 그믐달로 변하며 30일이 되면 달은 보이지 않게 돼요.

달의 모양과 위치 변화

동　　　　　　　　　　　　　　　서

15일경　　　7~8일경　　　음력 3일경

4절기를 자세히 알아보아요.

계절	음력	절기	태양환경	월일(양력)	특징
봄	정월	입춘(立春)	315도	2월 4~5일	봄의 문턱
		우수(雨水)	330도	2월 19~20일	봄비가 내림
	이월	경칩(驚蟄)	345도	3월 5~6일	개구리가 겨울잠에서 깸
		춘분(春分)	0도	3월 21~22일	낮이 길어지기 시작함
	삼월	청명(淸明)	15도	4월 5~6일	봄 농사의 준비
		곡우(穀雨)	30도	4월 20~21일	농삿비가 내림
여름	사월	입하(立夏)	45도	5월 6~7일	여름의 문턱
		소만(小滿)	60도	5월 21~22일	본격적인 농사의 시작
	오월	망종(芒種)	75도	6월 6~7일	씨뿌리기
		하지(夏至)	90도	6월 21~22일	낮이 연중 가장 긺
	유월	소서(小署)	105도	7월 7~8일	여름 더위 한 차례
		대서(大署)	120도	7월 23~24일	여름 큰 더위
가을	칠월	입추(立秋)	135도	8월 8~9일	가을의 문턱
		처서(處署)	150도	8월 23~24일	더위가 가심
	팔월	백로(白露)	165도	9월 8~9일	맑은 이슬이 내림
		추분(秋分)	180도	9월 23~24일	밤이 길어지기 시작함
	구월	한로(寒露)	195도	10월 8~9일	찬 이슬이 내리기 시작함
		상강(霜降)	210도	10월 23~24일	서리가 내리기 시작함
겨울	시월	입동(入冬)	225도	11월 7~8일	겨울의 문턱
		소설(小雪)	240도	11월 22~23일	겨울 강설한 차례
	동지	대설(大雪)	255도	12월 7~8일	겨울 큰 눈이 옴
		동지(冬至)	270도	12월 22~23일	밤이 연중 가장 긺
	섣달	소한(小寒)	285도	1월 6~7일	겨울 추위 한 차례
		대한(大寒)	300도	1월 20~21일	겨울 큰 추위

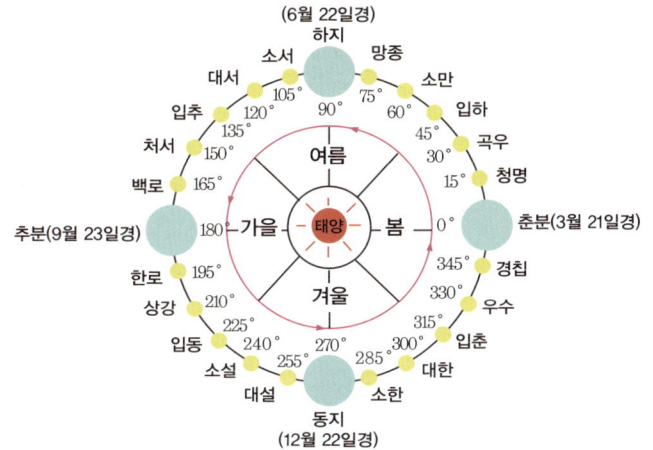

7화. 촌수, 친척과 나와의 관계

"할아버지, 뭐 해요?"

진우는 할아버지 방문을 빼꼼 열며 말했어요.

"오냐, 들어오너라. 책 읽고 있었다."

"할아버지."

진우는 할아버지를 낮은 목소리로 불렀어요.

"왜, 할 말이 있느냐?"

"할아버지, 언제 또 여행 가실 거예요?"

진우는 할아버지 얼굴을 보면서 물었어요.

"당분간 계획 없다. 그동안 못 갔던 산에나 슬슬 가야지."

할아버지는 웃으면서 대답했어요.

"그런데 할아버지. 선물로 주셨던 낡은 시계 말이에요……."

"어, 그래."

할아버지는 두 눈을 크게 뜨며 궁금한 얼굴을 했어요.

"그 시계는 정말로 요술 시계였어요. 제가 시계 속에 갇혀 있던 숫자 요정들을 풀어 주었어요. 제 말이 믿어지세요?"

진우는 눈을 깜빡이며 말했어요.

"그럼, 당연히 믿지. 그 시계는 할아버지가 준 거잖아."

할아버지를 활짝 웃으며 말했어요.

진우는 낡은 시계를 선물 받은 후 일어났던 일들을 할아버지께 모두 이야기했어요.

"그런데 요정들은 할아버지를 모른다고 하던데요?"

그 말에 할아버지는 껄껄 웃었어요.

"당연히 모를게다. 할아버지는 그 시계를 차 본 적이 없으니까."

"어, 그럼 이상하잖아요. 요술 시계인 줄은 어떻게 안 거예요?"

진우는 정말 궁금했어요.

"할아버지에게 믿을 수 있는 친구가 있는데, 그 친구가 주었단다. 아주 신기한 물건이라고 하더구나."

'그렇구나…….'

진우는 고개를 끄덕였어요.

"할아버지는 친구도 믿고, 진우도 믿어. 직접 눈으로 봐야 믿는다면 그건 믿는 게 아니란다. 안 보고도 믿는 것이 정말 믿는 거지."

진우는 할아버지의 말을 잘 이해할 수 없었지만 자신을 믿어 주는 할아버지가 고마웠어요.

그때 엄마가 밖에서 할아버지를 불렀어요.

"아버님, 진지 드세요."

"오냐."

할아버지는 큰 소리로 대답을 하곤 다시 진우에게 말했어요.

"자, 나가서 밥 먹자."

주방으로 나가니 엄마가 맛있는 음식을 식탁 위에 가득 차려 놓았어요.

"아버님, 내일 고모가 애들 데리고 아버님 뵈러 온대요."

엄마가 수저를 식탁에 놓으며 말했어요.

"그래? 내일은 집이 시끌벅적하겠구나."

할아버지 입가에 미소가 빙그레 걸렸어요.

"찬민이와 찬희도 오겠네요? 우와!"

진우는 흥분이 되었어요.

고모는 놀러오면 꼭 하룻밤을 자고 가거든요.

"딩동~."

초인종 소리가 났어요.

진우는 다다닥 달려 나가 문을 열었어요.

문 밖에는 고모와 찬민이, 찬희가 서 있었어요.

"고모, 안녕하세요. 찬민아, 찬희야!"

진우는 반가워서 셋을 전부 끌어안았어요.

"진우, 많이 컸네. 찬민아, 형한테 인사해. 찬희도 오빠한테 인사해."

찬민이는 빙긋 웃으면서 손을 흔들었어요. 찬희도 찬민이를 따라했어요.

찬민이는 진우보다 한 살 어리고, 찬희는 다섯 살 어려요.

그때였어요.

"흠……, 쟤는 또 누구?"

소리가 나서 돌아보니, 거실에 걸려 있는 벽걸이 시계에서 11번 요정이 고개를 쑥 내밀고 진우와 사촌들을 내려다보고 있었어요.

"누가 왔어?"

그때 옆에서 5번 요정도 고개를 쑥 내밀었어요. 그런데 5번 요정이 갑자기 입을 헤 벌리며 찬민이를 넋을 잃은 채 바라보는 것이었어요.

"쟤 눈빛이 왜 저래?"

진우는 혀를 끌끌 찼어요.

11번 요정도 어이가 없다는 표정으로 5번 요정을 쳐다보더니 시계 안으로 쏙 들어갔어요.

"진우야, 왜 그래?"

고모는 진우가 혼잣말을 하는 게 이상해서 말했어요.

"하하, 아니에요. 너무 반갑다 보니 머리가 잠깐 이상해졌나 봐요."

진우는 얼버무리며 얼른 둘러댔어요.

"호호, 그렇게 반가워?"

고모가 좋아서 웃었어요.

"고모, 찬민이하고 제 방에 들어가 놀게요."

"그래, 그러렴. 찬희는 엄마하고 맛있는 거 먹자."

"그래, 맛있는 간식."

엄마가 찬희의 손을 잡으며 말했어요.

진우는 찬민이를 데리고 방으로 들어왔어요.

찬민이는 진우의 방을 휘 둘러보았어요. 그러고는 의자로 가서 바른 자세로 앉았어요. 찬민이는 안경을 끼고 예쁜 스웨터를 단정하게 입고 있어서 모범생처럼 보였어요. 사실 찬민이는 모범생이에요. 고모도 찬민이를 '바른생활 사나이'라고 부르니까요.

찬민이는 심심한지 책꽂이에서 만화책을 한 권 빼서 뒤적이기 시작했어요. 진우도 만화책을 한 권 뺀 다음 침대에 벌러덩 누워서 읽기 시작했어요.

그런데 자꾸만 누군가의 시선이 느껴졌어요. 옆을 보니 언제 왔는지, 5번 요정이 책상다리를 하고 앉아서 찬민이의 얼굴을 뚫어지게 바라보고 있었어요. 그 옆에서 3번 요정도 수줍은 얼굴을 하고 찬민이를 바라보고 있었어요.

　진우는 어이가 없어서 웃음이 피식피식 나왔어요.
"너희들 뭐 해?"
　요정들에게 말한 것인데 찬민이가 진우를 돌아보았어요.
"만화책 읽고 있잖아? 형, 그런데 이 책 2권도 있어?"
"으응……. 지금 내가 읽고 있어."
"얼른 읽고 줘. 진짜 재밌다."
　찬민이가 말했어요.
"알았어."
　진우는 대충 대답하곤 요정들을 쳐다보았어요.
　그런데 5번 요정이 여전히 찬민이에게서 눈을 떼지 못하고 있

었어요.

"아, 너무 멋져."

5번 요정이 혼잣말로 중얼거렸어요.

그때 책상에 있는 지구본에서 11번 요정이 쑥 빠져나왔어요.

"또 시작이군. 저렇게 재미없게 생긴 타입이 뭐가 좋다고⋯⋯. 도대체 여자들은 알 수가 없어."

11번 요정이 3번과 5번 요정을 쳐다보며 고개를 절레절레 저었어요.

"뭐라고? 잠깐!"

요정 중에 여자가 있다니, 진우는 깜짝 놀라 그만 소리를 지르고 말았어요.

"왜 그래?

찬민이가 놀란 얼굴로 진우를 쳐다보았어요.

"아냐, 화장실 좀 다녀올게. 아, 배가 갑자기 아파서."

진우는 배를 쓱쓱 문지르며 11번 요정을 주머니에 얼른 넣었어요. 그러고는 화장실로 뛰어갔어요.

"어, 왜 이래!"

11번 요정이 주머니 안에서 꺼내 달라고 버둥거렸어요.

진우는 화장실로 들어와서 11번 요정을 손바닥에 올려놓았어요.

"3번과 5번이 여자라고?"

진우는 믿을 수가 없었어요.

"응, 여자야. 쯧쯧, 친구야. 눈으로 보이는 게 전부가 아니란다."

11번 요정이 알 수 없는 소리를 했어요.

"어딜 봐서?"

진우가 물었지만 11번 요정은 대꾸도 하지 않고 치약에 쓰여 있는 숫자 속으로 들어가 버렸어요.

진우는 고개를 절레절레 저으며 화장실에서 나왔어요.

밤에 자려고 침대에 누웠는데, 3번과 5번 요정이 베개로 올라와 말을 걸었어요.

"찬민이라는 애 말이야. 어디 살아? 몇 살이야? 진우 너랑 무슨 사이야?"

5번 요정이 질문 공세를 했어요.

진우는 귀찮아서 이불을 휙 끌어다 머리끝까지 덮었어요.

"야, 서진우. 정말 이러기야?"

3번과 5번 요정이 대답해 달라고 진우에게 졸랐어요.

진우는 벌떡 일어나 요정들을 노려보았어요.

"찬민이는 8살이고 내 사촌동생이야. 똑똑한 요정님들. 사촌 알지?"

진우는 대충 대답하고는 다시 벌렁 누웠어요.

"그럼, 당연히 알지. 촌수를 말하는 거잖아. 친척 사이에 멀고 가까운 정도를 나타내는 수잖아. 숫자가 클수록 먼 친척이야. 사촌이면 가깝네. 한국은 참 특이해. 친척이 어느 정도 가까운지를 숫자를 사용해서 말해 주잖아."

진우가 눈을 감고 있는데 5번 요정이 혼자서 떠들었어요.

"맞아, 부모와 자식 사이는 1촌, 형제와 자매 사이는 2촌, 외삼촌이나 고모, 이모는 3촌, 찬민이처럼 고모의 자식은 4촌, 아버지의 사촌형제는 5촌. 그 사촌형제의 자식은 6촌이 되는 거지."

3번 요정도 옆에서 거들었어요.

"아, 그래? 사촌이라는 말에서 '사'가 숫자 4였어?"

진우는 신기해서 눈을 번쩍 떴어요.

"촌수에서 홀수는 어른과 아이의 관계이고, 짝수는 아이와 아이 혹은 어른과 어른처럼 대등한 관계야."

3번 요정이 추가로 설명을 했어요.

"숫자는 참 쓰이는 곳이 많구나. 그런데 말이야, 홀수는 뭐고, 짝수는 뭐야?"

진우는 감기려는 눈을 억지로 뜨며 물었어요.

"크크크, 역시 너한테는 아직 우리가 필요해. 홀수는 2로 나누어서 나머지가 1인 숫자야. 예를 들면 1, 3, 5, 7, 9, 11 같은 숫자 말이야. 짝수는 2로 나누면 나머지가 0인 숫자야. 다른 말로 나머지가 없는 숫자지. 예를 들면 2, 4, 6, 8, 10 같은 숫자를 말해."

5번 요정이 잘난 척하며 말했어요.

"아, 그렇구나. 그런데 이제 자야겠으니, 그만 돌아가 줄래?"

진우는 하품을 하며 말했어요.

그런데 슬쩍 보니 5번 요정이 3번 요정에게 귓속말을 하고 있었어요.

"우리 찬민이 자는 곳에 가 보자."

그 말에 3번 요정이 부끄러워 몸을 비비 꼬더니 어느새 함께 사라져 버렸어요.

"애들아, 귓속말로 해도 다 들리거든."

진우는 눈을 감은 채 중얼거렸어요.

촌수관계도

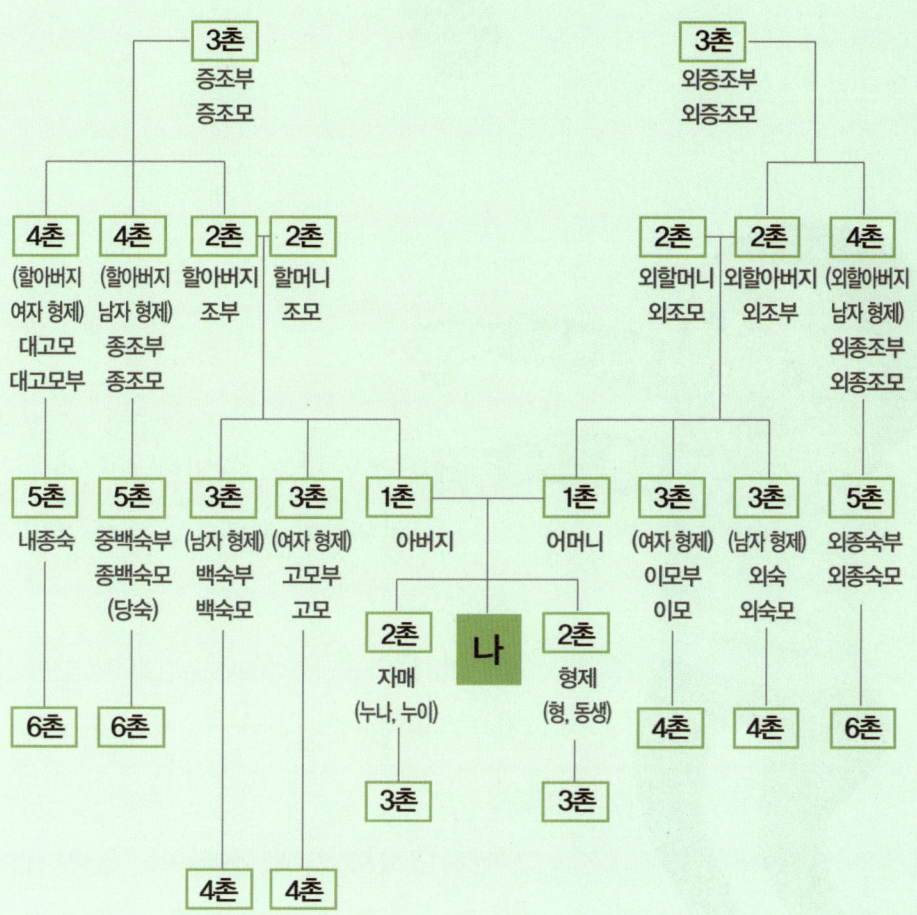

8화. 오늘의 날씨는?

"진우 형, 얼른 일어나. 놀자."

찬민이가 진우를 흔들어 깨웠어요.

"어어, 뭐야?"

진우는 반쯤 감긴 눈으로 시계를 보았어요.

"아직 7시도 안 됐는데……. 노찬민, 가서 더 자."

진우는 돌아누우며 말했어요.

"진우 형, 게으름뱅이 일어나 얼른."

찬민이는 침대에 올라앉아서 진우를 흔들었어요.

"알았어."

진우는 눈을 비비면서 부스스 일어났어요.

"크크, 형 좀비 같아."

뒤에서 찬민이가 킥킥거렸어요.

"좀비 같아."

언제 왔는지 찬희도 진우 옷을 붙잡고 찬민이가 하는 말을 따라했어요.

이 아이들이 좀비 타령을 하는 이유는 모두 고모 때문이에요. 고모는 흡혈귀, 드래곤, 좀비 같은 괴물이 나오는 책들을 즐겨 읽어요. 그래서

인지 찬민이와 찬희에게 장난을 칠 때도 좀비 흉내를 내요.

　진우는 멍청한 표정을 지으며 두 팔을 앞으로 뻗으며 낮은 신음소리를 냈어요.

　"캭!"

　찬희는 진우가 좀비 흉내를 내자 소리를 지르며 도망갔어요.

　엄마와 고모가 아침 식사 준비를 하는 사이, 할아버지는 진우와 찬민이, 찬희를 데리고 마당으로 나갔어요.

　"자, 우리 아침 체조하자."

　할아버지가 하나 둘, 구령을 붙였어요.

　진우가 슬쩍 보니 찬민이는 체조를 처음 해 보는지 어설폈어요. 찬희가 열심히 따라하는 모습은 귀여웠어요. 진우가 낄낄거리자, 찬민이가 왜 그러냐는 듯, 의아한 표정으로 진우를 보았어요. 진우는 아무것도 아니라는 뜻으로 고개를 저었어요.

　아침을 먹고 아빠는 출근을 하고 진우는 찬민이, 찬희와 숨바꼭질을 했어요. 찬민이는 번번이 술래가 되었어요. 3번 요정과 5번 요정이 찬민이를 졸졸 따라다니는 바람에 금세 들통이 났기 때문이에요.

　숨바꼭질을 하고 집 안으로 들어가니 엄마와 고모가 도시락을 싸고 있었어요.

"점심때 놀이공원으로 소풍 가자."

엄마가 웃으며 말했어요.

"우와! 날씨가 좋으면 좋겠어요."

그런데 진우는 아빠가 같이 못 가는 것이 서운했어요.

'토요일인데 아빠는 왜 회사에 가시는 거야? 일찍 오실지도 모르니 전화해 봐야지.'

진우는 아빠에게 전화를 했어요.

"아빠, 회사예요?"

"응, 회사지. 오늘 뭐하며 놀기로 했어?"

아빠가 물었어요.

"놀이공원으로 소풍 갈 거예요. 아빠도 같이 가면 좋을 텐데……. 아빠는 왜 매일 바빠요?"

진우는 아빠에게 슬쩍 투정을 부렸어요.

"미안해, 진우야. 다음엔 꼭 같이 가자. 아빠가 약속할게."

"정말이죠? 피곤하다고 잠만 주무시면 안 돼요."

진우는 아빠를 졸라 약속을 받아 냈어요.

"그런데 오늘 놀러 가기 좋은지 날씨 좀 볼까? 진우야, 잠깐만. 아빠가 날씨 검색 좀 해 볼게."

"예……."

잠시 기다렸더니 수화기에게 아빠의 목소리가 다시 들려왔어요.

"오늘 날씨는 영상 18도, 비 올 확률 0%, 습도 32%, 체감온도 15도란다."

진우는 수화기를 든 채 멍한 표정을 지었어요.

"하하, 어렵지? 오늘의 날씨가 18도라니 놀러 가기 딱 좋구나. 비 올 확률이 0%라고 하는 것은……."

갑자기 아빠가 말을 끊었어요.

잠시 후 아빠는 작은 소리로 빠르게 말했어요.

"진우야, 아빠 회의 들어가야 해. 오늘 날씨는 아주 좋아. 집에서 보자."

그러고는 전화를 뚝 끊었어요.

진우는 방으로 들어가 요정들을 불렀어요.

"요정들아, 어디 있니? 궁금한 게 있어."

그때 12번 요정이 책꽂이에 꽂혀 있는 수학책에서 머리를 빼죽 내밀었어요.

"불렀어?"

그런데 12번 요정은 물에 흠뻑 젖어 있었어요.

"왜 물에 빠진 생쥐 꼴을 하고 있어?"

12번 요정은 모자를 벗어서 물을 쭉 짰어요.

"남태평양에서 놀다 왔거든."

"남태평양? 거긴 언제 간 거야?"

진우는 황당한 표정으로 12번 요정을 쳐다보았어요.

"순식간에 왔다 갔다 하는 거지 뭐. 배의 계기판으로 나가면 비취색 바다가 한눈에 보여. 환상적이지."

12번 요정은 바다를 상상하는지 눈을 감고서 황홀한 표정을 지었어요.

"그런 환상적인 곳에 쟤네들은 왜 안 간 거야?"

진우는 손가락으로 거실을 가리키며 말했어요.

3번과 5번 요정은 책을 보고 있는 찬민이 옆에 바짝 붙어 앉아 있었어요.

"뭐, 다들 취미가 다르니까. 그런데 수건 없니? 물기 좀 닦게."

　　12번 요정이 주위를 두리번거리며 말했어요.

　　진우는 어젯밤 아무렇게 벗어 놓았던 티셔츠를 건네주었어요.

"뭐야? 다른 거 없어? 이상한 냄새 나."

　　12번 요정은 킁킁 냄새를 맡았어요.

"다른 거 없어."

　　진우가 거절하자 12번 요정은 할 수 없이 그것으로 몸을 닦았어요.

"키키키."

　　진우는 장난스럽게 웃었어요.

"오늘 소풍 가려고 해. 그래서 말인데, 오늘의 날씨에 대해 설명 좀 해 줘."

"어디 보자. 오늘의 날씨는?"

　　12번 요정은 그렇게 말하곤 다시 수학책 속으로 사라졌어요.

"어, 어디 가는 거야?"

　　하지만 금세 다시 나타났어요.

"기상청에 다녀왔어. 기상청 알지? 날씨를 알려 주는 곳 말이야. 오늘의 날씨는 영상 18도, 비 올 확률 0%, 습도 32%, 체감온도 15도,

이상 끝."

12번 요정은 숨도 안 쉬고 말했어요.

"그러니까, 그게 뭐냐고?"

진우가 성마르게 물었어요.

그때 수학책 속에서 11번 요정이 흠뻑 젖은 채로 나왔어요.

"진우한테는 쉽게 설명해야 한다고 했잖아."

11번 요정은 주위를 두리번거리더니, 12번 요정이 몸을 닦고 던져 둔 티셔츠를 주워 물기를 쓱쓱 닦았어요.

"근데 이 수건, 좋은 냄새 난다. 무슨 향수야?"

11번 요정이 티셔츠에 코를 박고 냄새를 킁킁 맡았어요. 그러고는 설명을 하기 시작했어요.

"물은 0도에서 얼어. 0도를 기준으로 그보다 높으면 영상이라고 하고 낮으면 영하라고 해. 영상 18도는 사람이 활동하기에 딱 좋은 온도야. 그리고 비 올 확률이란 오늘 비가 올 것인지 안 올 것인지를 예상하는 것이지."

11번 요정이 진우의 티셔츠를 깔고 앉아서 설명을 했어요.

"확률이라는 말은 '어떤 사건이 일어날 가능성'을 말하는 거야. 확률은 보통 0에서 100까지로 나타내. 0%는 '그런 일은 절대 일어나지 않는다.'를 말하는 거야. 100%는 '반드시 일어난다.'를 의미해. 비 올 확률이 0%라는 것은 '절대로 비가 안 온다.' 라는 뜻이야."

"그럼 비 올 확률이 50% 라고 한다면 비가 올 수도 있고 안 올 수도 있다는 뜻이겠네?"

진우가 으스대며 말했어요.

"그렇지."

12번 요정이 웃으며 고개를 끄덕였어요.

"그런데 그걸 어떻게 알지?"

진우가 고개를 갸우뚱거리며 물었어요.

"그 질문에 대한 답은 좀 복잡해. 확률을 알려면 그 전의 날씨에 대한 기록이 필요해. 자료를 모아서 분석하고 계산해서 오늘의 날씨를 예상하는 거야."

12번 요정의 설명이 진우에게는 너무 어려웠어요. 진우의 표정을 보더니 11번 요정이 얼른 나서며 덧붙여서 말했어요.

"그러니까, 진우 네가 살고 있는 이 도시의 날씨를 매일 적어 놓는 거야. 그게 모이면 엄청 많은 자료가 되거든. 그걸 숫자로 알려 주는 것이 통계야. 100일을 기준으로 해서 오늘 같은 날씨에 100일 모두 비가 오지 않았다면 비 올 확률이 0%가 되는 거야. 그런데 과거에 오늘과 똑같은 날씨 중에 비가 온 날이 50일 있었다면 비 올 확률은 50%가 되는 거야."

진우는 그제야 이해가 되어 웃었어요. 그러자 11번 요정이 신이 나서 엄지손가락을 척 치켜들며 칭찬을 했어요.

"오, 서진우. 아주 잘 알아듣네."

그러자 12번 요정도 짝짝짝 박수를 쳤어요. 그러고 나서 습도에 대해 친절하게 설명해 주었어요.

"습도는 공기 중에 떠다니는 수증기의 양을 말해. 공기 중에는 눈에 보이지 않는 아주 작은 물방울들이 있어. 그 물방울들이 최대한 많이 있는 것을 습도 100%라고 말하는 거야. 습도가 32%라면 물방울이 어느 정도 있다는 것이 짐작이 되지?"

"응, 알겠어. 그런데 습도가 어느 정도 되어야 활동하기 좋은 거야?"

진우가 묻자 11번 요정이 얼른 말했어요.

"보통 습도가 0~30%이면 날씨가 건조해. 습도가 31~60%일 때가 가장 활동하기 좋아. 습도가 61~100%이면 눅눅해서 빨래도 잘 마르지 않고 불쾌해."

"아, 나도 그 정도는 알아. 건조하면 먼지가 많이 나서 목이 따끔따끔해. 그런 날에는 엄마가 로션을 듬뿍 발라 주셔. 수분을 뺏겨 얼굴이 건조해지기 때문이야."

진우가 으쓱거리며 말했어요.

"오~~, 서진우. 똑똑하다."

요정들이 휘파람을 불면서 환호를 했어요.

"그럼 체감온도 (사람이 실제로 주어진 환경 속에서 느낄 수 있는 온도)는……."

12번 요정이 또 다른 것을 설명하려고 하자 진우가 손사래를 쳤어요.

"이제 그만! 여기까지. 그러니까. 오늘은 소풍 가기 좋은 날씨라는 거잖아."

진우는 요정들을 억지로 수학책 속으로 들이밀었어요.

요정들은 강제로 밀려들어가면서도 자꾸만 설명을 하려고 했어요.

'나갈 준비해야지.'

진우는 콧노래를 흥얼거리며 옷장을 열고 옷을 골랐어요.

9화. 운동화가 작아졌어

"엄마, 그 운동화 어디 있어요? 작년에 아빠가 생일 선물로 사준 거요."

진우는 신발장을 위 아래로 살펴보며 엄마에게 물었어요.

"어디에 뒀더라? 잠깐만……. 아! 저 위에 있다."

엄마는 손가락으로 위 칸에 놓여 있는 박스를 가리켰어요. 엄마는 까치발로 서서 상자를 잡았어요.

"그런데, 갑자기 이 운동화는 왜? 빨간색이라고 싫다고 했잖아."

엄마는 박스를 내리며 말했어요.

"그냥 빨간색이 다시 좋아졌어요. 이제 신을래요."

그런데 엄마는 상자를 머리 위로 번쩍 올리고 장난을 쳤어요.

"잡아 봐라."

진우는 상자를 잡으려고 펄쩍펄쩍 뛰었어요. 하지만 손에 닿지 않았어요.

진우는 팔짱을 끼고 엄마를 노려보았어요. 엄마는 그런 진우가 재미있는지 흐흐흐 웃으며 계속 약을 올렸어요.

'좋아, 그렇다면.'

진우는 엄마의 옆구리를 마구 간지럽혔어요.

그러자 엄마는 항복하고 운동화가 든 상자를 주었어요.

진우는 얼른 운동화를 꺼내 신어 보았어요.

"엄마, 운동화가 꽉 껴."

진우는 발이 아팠어요.

"어, 그래? 발이 컸나 보다."

엄마는 운동화의 앞부분을 손가락으로 꾹꾹 누르며 말했어요.

"이거 못 신겠어요. 새것 사줘요."

"신지도 않은 새것인데? 이렇게 사 놓고 안 신는 신발이 도대체 몇 켤레야? 아빠가 힘들게 돈 벌어 오시는데."

엄마는 진우를 노려보며 잔소리를 했어요.

"으······. 작은데 어떻게 신어요?"

진우는 볼멘소리를 했어요.

"안 돼."

엄마는 매정하게 돌아서서 주방으로 가 버렸어요. 진우는 엄마를 졸졸 따라가며 졸랐어요.

"엄마, 사줘요. 안 사주면 나 밥 안 먹는다."

진우는 엄마를 따라다니며 떼를 썼어요. 결국 엄마는 새 운동화를 사 주기로 약속을 했어요.

진우는 기분이 좋아져서 방으로 들어왔어요.

"비굴하게 떼써서 새 신발을 얻으니 좋아?"

11번 요정이 빈정대며 진우에게 말했어요.

"뭐가 비굴하냐? 엄마한테는 그런 거 없어. 왜냐면 엄마는 무조건 내 편이거든."

진우는 기분이 좋아서 히죽히죽 웃으며 말했어요.

진우와 11번 요정이 말하는 소리를 듣고 숫자 요정들이 하나둘씩 나왔어요.

그런데 5번 요정이 갑자기 앞으로 고개를 박으며 푹 쓰러졌어요.

"쟤, 왜 저래?"

진우는 손가락으로 5번 요정을 가리키며 물었어요.

"짝사랑을 취미라고 한다면 말이야. 그저 취미 생활 중인 거지."

12번 요정이 별일 아니라는 듯 대수롭지 않게 말했어요.

그러고 보니 5번 요정은 찬민이가 돌아가고 난 뒤 며칠 보이지 않았어요. 그런데 왜 저런 모습으로 나타난 걸까요?

"그렇게 좋으면 찬민이를 따라가지 여긴 왜 왔어?"

진우는 5번 요정에게 섭섭한 마음이 들어서 톡 쏘아붙였어요.

"꼬마야, 너는 모른다. 짝사랑의 애달픔을. 나는 그 사람을 볼 수 있지만, 그 사람은 나를 볼 수도, 내 목소리도 들을 수 없어. 내가 아무리 가까이 있어도 나를 모른다고. 네가 그 애달픈 마음을 알아?"

5번 요정은 고개를 여전히 책상에 박은 채로 중얼거렸어요.

"도대체 뭐라는 거야?"

진우는 황당한 표정으로 5번 요정을 쳐다보았어요. 11번 요정도 5번 요정을 보며 한심하다는 표정을 지었어요.

"이제 다시는 사랑 따위는 안 해."

5번 요정이 힘없이 말했어요.

"5번은 툭하면 저런 말을 해. 저 말, 내가 들은 것만도 999번은 될 거야. 깊이 생각하지 않아도 돼."

12번 요정이 대수롭지 않게 말했어요. 그러자 5번 요정이 갑자기 벌떡 일어나 12번 요정의 뒤통수를 퍽 소리가 나도록 쳤어요. 그러고는 다시 책상에 얼굴을 박으며 푹 쓰러졌어요. 그 모습이 웃겨서 진우와 11번 요정은 낄낄대며 웃었어요.

진우는 엄마와 함께 새 운동화를 사 가지고 기분 좋게 집으로 돌아왔어요. 진우는 빨간 운동화와 새 운동화의 길이를 한번 비교해 보았어요.

"엄마, 발이 2cm나 자랐어요. 이러다 금방 엄마 신발 사이즈를 따라잡을 것 같아요."

진우는 흐뭇하게 웃으며 말했어요.

"제발, 부탁이네요. 얼른 따라잡으세요. 아드님."

엄마는 기분 좋게 대꾸했어요. 그러고는 너무 비싼 운동화를 사주었다고 불평을 하면서 안방으로 갔어요.

"애들아, 새 운동화 샀다."

진우는 방으로 들어오며 요정들을 불렀어요.

그러자 운동화 밑바닥에 적힌 240이라는 숫자에서 11번 요정이 나왔어요.

"오, 이게 진우의 새 신발이구나. 그런데 별로 안 예쁜데."

11번 요정이 운동화를 요리조리 살펴보며 말했어요.

"뭘 모르는구나. 운동화는 디자인보다 발이 편해야 하는 거라고."

진우는 생글생글 웃으며 말했어요.

"그런데 여기 적힌 240이 무슨 뜻인지 알아?"

11번 요정이 진우에게 물었어요.

"그거야, 신발 사이즈지 뭐야? 숫자가 클수록 발이 큰 거지."

진우는 당당하게 설명했어요.
"그래, 맞아. 그런데 240 다음에 단위가 생략되었어. 어떤 단위일까?"
11번 요정이 다시 물었어요.
"단위?"
진우는 고개를 갸웃거렸어요.
"내가 이럴 줄 알았어."
11번 요정은 웃으면서 설명을 시작했어요.
"단위란 길이, 무게, 수효, 시간 따위를 나타낼 때 기초가 되는 기준이야. 근, 되, 자, 그램, 리터, 미터, 초 따위가 모두 단위를 나타내는 거야."
11번 요정이 알아듣기 힘든 단어를 마구 쏟아냈어요.

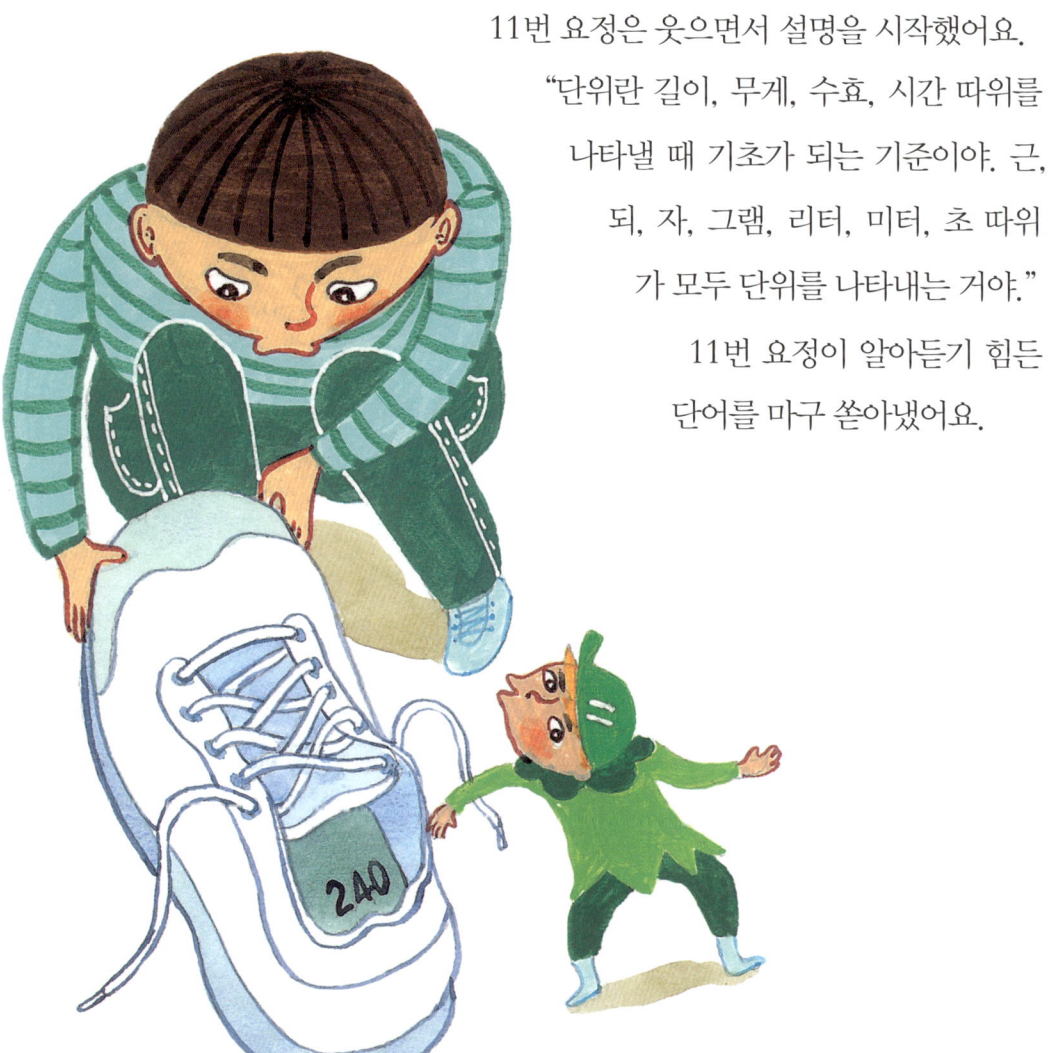

진우가 인상을 쓰자, 11번 요정이 다시 시익 웃더니 말했어요.

"우선, 단위가 어떻게 해서 생기게 되었는지 이야기를 해 줄게. 단위가 없었을 때 사람들은 손이나 발을 사용해서 대충 길이를 쟀어. 그러다 보니 자꾸 다툼이 생겼단다. 어떤 친절한 옷감 장수가 있었어. 어느 날 손님이 와서 옷감 열 뼘을 주문했단다. 엄지손가락과 다른 손가락을 완전히 펴서 벌렸을 때 두 끝 사이의 거리가 한 뼘이야. 옷감 장수는 정확하게 자신의 손가락을 사용해서 열 뼘을 재서 옷감을 잘랐단다. 그랬더니 손님이 너무 적다고 화를 내는 거야. 왜냐하면 옷감 장수의 손가락이 다른 사람에 비해 짧았거든. 그래서 옷감 장수는 조금 넉넉한 길이를 한 뼘으로 정해 막대기에 표시한 후 그것을 기준으로 옷감을 팔았어. 손님들이 몰려들자 이번엔 다른 옷감 가게에서 몰려와 항의를 했단다."

진우는 11번 요정의 이야기가 재미있어서 하하하 웃으며 말했어요.

"정말 기준이 필요하네."

"그래, 사람들은 무언가 기준을 만들어야 했어. 처음에 길이에 대한 단위를 만들기로 했어. 지구의 세로 둘레를 재서 ¼로 나누고 다시 1,000만분의 1로 나누어 m(미터)라는 이름을 붙였어. 그래서 길이를 재는 기준인 m(미터)가 만들어졌단다. 하지만 이것도 정확하지 않아서 계속해서 실험을 했어. 그러다 1980년에 빛이 1초 동안 간 거리를

299,792,458로 나눈 거리가 1미터로 정의되면서 현재까지 사용되고 있단다."

11번 요정의 설명을 듣고 나서 진우는 무언가 생각이 난 듯 속사포 같은 속도로 말을 했어요.

"새 운동화의 단위는 mm야. 240mm이지. mm라고 엄마가 그랬던 거 같아."

"맞아! 새 운동화 길이는 240mm야. 길이를 나타내는 단위로는 mm, cm, km가 있어. 그런데 mm를 cm로 바꿀 수 있어. 그걸 단위 환산이라고 해."

"그래? 어떻게 바꾸는데? 그리고 왜 바꿔야 하는데?"

진우는 고개를 갸우뚱하며 물었어요.

"10mm는 1cm야. 그러니까 240mm는 24cm이지. 즉 너의 새 운동화의 길이가 24cm야. 그리고 왜 바꾸는 게 필요하냐면, 사용하는 사람에 따라 mm가 편할 때가 있고, cm가 편할 때가 있기 때문이야. 신발처럼 엄청나게 길어지지 않는 물건에는 mm로 쓰는 것이 적당해. 단위에는 큰 단위가 있고, 작은 단위가 있어."

"어떤 것이 작고, 어떤 것이 큰데?"

진우의 질문에 11번 요정은 시익 웃더니 마치 그 말을 기다렸다는 듯 엄지와 검지를 비벼서 딱 소리를 냈어요.

그러자 12번 요정이 큰 종이를 가지고 낑낑대며 나타났어요.

"헉헉. 아, 힘들어."

12번 요정은 종이를 놓더니 발랑 누웠어요.

종이에는 글씨가 적혀 있었어요.

"언제 준비했어?"

진우가 깜짝 놀라 물었어요.

"신발 사러 간다고 했잖아. 네가 단위를 모를 게 분명해서 우리가 준비한 거야. 짜잔~. 우리 정말 친절하지 않니?"

11번 요정이 으스대며 말했어요.

"단위는 많아. 그렇지만 네가 일상에서 흔히 볼 수 있는 단위를 적어 봤어. 자 이제 여길 봐."

12번 요정이 말했어요.

> 길이: 10mm=1cm, 100cm=1m, 1,000m=1km
>
> 무게: 1,000g=1kg, 1,000kg=1톤, 1kg=1.666667근
>
> 온도: 섭씨1도=화씨 33.8도, 섭씨1도=절대온도 274.15도
>
> 시간: 60분=1시간, 24시간=1일, 60분=3,600초

진우는 얼빠진 표정으로 종이를 들여다보았어요. 그 표정을 보고 요

정들이 키득키득 웃었어요.

"어렵지 않아. mm는 아주 작은 단위야. 그리고 그 1mm가 10개 모이면 1cm가 되는 거야. 1cm가 100개 모이면 1m가 되는 거고. 1m가 1,000개 모이면 1km가 되는 거야."

11번 요정이 종이 위를 폴짝폴짝 뛰어다니며 설명을 했어요.

"그런데 생각해 봐. 진우 네가 오늘 1km를 달렸다 치자. 그런데 만일 mm로 표시하면 1백만 mm가 되는 거야."

"우와, 1백만?"

진우는 깜짝 놀라며 입을 쩍 벌렸어요.

"어때? 숫자가 너무 커서 불편하지? 사람들은 복잡한 걸 싫어해. 그

래서 단위를 바꿔서 간단하게 쓰는 거야."

진우는 12번 요정의 설명을 듣고 고개를 끄덕이며 말했어요.

"수학은 정말 사람들이 편리하게 살 수 있게 도와주는 것 같아."

"진우, 너 몸무게가 얼마나 돼?"

11번 요정이 물었어요.

"나? 38kg."

"1kg이 1,000g이니까 38kg은 38,000g이야. 톤으로 바꾸면 0.038 톤이지."

12번 요정이 몸무게를 여러 단위로 바꿔서 말해 주었어요.

"그리고 다른 나라로 여행을 갈 때도 나라마다 돈의 단위가 다르기

때문에 은행에 가서 환전해야 해. 말하자면 화폐를 바꾸는 거야. 이것도 단위 환산의 한 종류야."

"아, 그렇구나. 내가 만약 일본으로 여행을 간다면 우리나라 돈을 일본 돈으로 바꿔서 가야 한다는 거지? 왜냐하면 단위가 다르기 때문에."

진우는 이해한 내용을 다시 설명했어요.

"그렇지, 그렇지."

요정들은 고개를 끄덕였어요.

"흠……. 진우가 우리의 친절한 설명에 감격한 것 같네. 그런데, 그렇게 고마우면 먹을 것 좀 가져와 봐."

5번 요정이 신발 밑에서 갑자기 고개를 삐죽 내밀고 말했어요.

"언제 왔어? 그런데 너 이제 괜찮아?"

진우가 걱정스러운 얼굴로 묻자 5번 요정이 자신의 눈 밑에 있는 다크 서클을 검지로 가리키며 말했어요.

"괜찮아 보이니?"

"응, 먹을 거 찾는 거 보니 살아난 것 같아."

진우는 주방으로 나가며 말했어요.

요정들이 졸래졸래 진우의 뒤를 따라오며 주문을 했어요.

"나는 계란 토스트에 설탕 뿌린 거 줘. 케첩은 뿌리지 말고 계란은 스크램블로. 그리고 당근 주스 한 잔을 유리컵에 담아서."

12번 요정의 주문이 끝나자 11번 요정이 주문을 했어요.

"나는 노릇노릇하게 구운 토스트에 딸기잼과 땅콩버터를 1:1로 발라서 반을 접어 줘. 그리고 우유도 부탁해. 나는 플라스틱 컵에."

"나는 토스트 말고 과일 줘. 흐르는 물에 다섯 번은 씻어야 돼. 껍질은 벗기지 말고 그냥 줘. 껍질에 영양소가 많거든. 그리고 60도 온도에 맞춘 핫초코."

5번 요정이 마지막으로 주문을 하자 진우가 걸음을 멈추고 요정들을 노려보았어요.

"뭐가 이렇게 까다로워?"

요정들은 진우의 사나운 눈초리에 깜짝 놀라 얼른 눈을 돌렸어요.

"굶고 싶어? 까다롭게 굴면 아무것도 안 준다."

진우가 낮은 목소리로 말했어요.

알쏭달쏭

길이의 단위 사이의 관계

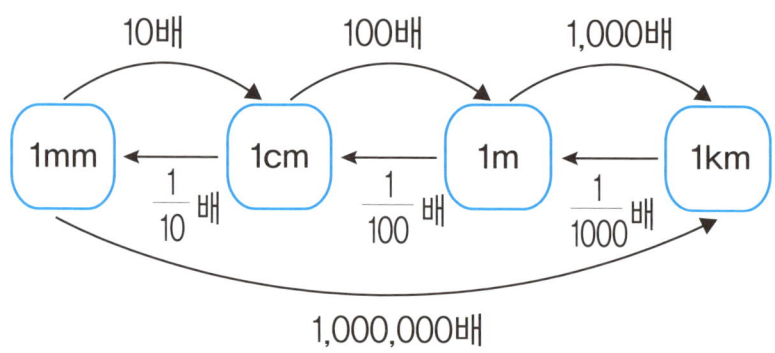

무게의 단위 사이의 관계

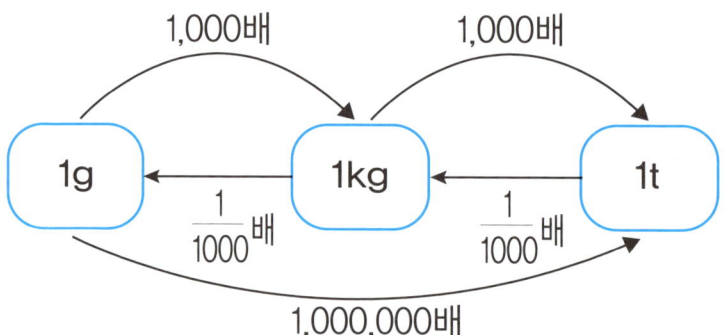

10화. 음악은 수학을 타고

오늘은 학교에서 리코더 불기 시험을 봤어요.

진우는 한 번도 틀리지 않고 멋지게 연주했어요. 연습을 게을리하지 않은 덕분이에요.

진우는 집에 돌아오자마자 할아버지에게 자랑을 했어요.

"그래? 어디 한번 불어 봐라. 얼마나 잘 부는지 보자."

할아버지는 궁금하다며 불어 보라고 했어요.

진우가 멋지게 불자 할아버지는 아주 듣기 좋다며 칭찬을 해 주었어요.

진우는 기분이 날아갈 듯 좋아서 빨래를 널고 있는 엄마한테 가서도 불어 보았어요.

그러고는 방으로 들어와 요정들을 불러냈어요.

"얘들아, 좀 나와 봐."

"킥킥, 우리 이미 나와 있는데?"

5번 요정이 옷걸이에 걸려 있는 모자 안에서 고개를 쑥 내밀며 말했어요.

"리코더 부는 소리가 어찌나 요란한지 안 나와 볼 수가 있어야지."

11번 요정도 책꽂이 위에서 진우를 내려다보고 있었어요.

12번 요정과 3번 요정은 진우의 베개 위에 올라가 앉아 있었어요.

"그런데 무슨 곡을 연주한 거야? 듣기 좋더라."

3번 요정이 웃으며 물었어요.

"역시 열심히 연습한 보람이 있군."

진우는 요정들에게도 칭찬을 받으니 기분이 좋아서 어깨가 으쓱했어요.

"응, '비행기'라는 노래야. '떴다 떴다 비행기. 날아라. 날아라~.'"

진우는 리코더로 불었던 곡을 노래로 불렀어요.

그런데 요정들이 키득키득 웃었어요.

"음, 진우야. 너는 노래는 안 되겠다."

12번 요정이 아주 진지하게 말했어요.

"킥킥킥. 그래, 너 어디 가서 노래하지 마라. 완전 깬다."

5번 요정이 말하자 요정들이 웃으며 고개를 끄덕였어요.

"노래 잘하는 사람만 노래를 하나? 노래는 마음으로 부르는 건데. 쯧쯧, 이렇게 영혼이 맑지 못해서야."

진우는 민재의 말투를 흉내 내며 말했어요. 그러자 11번 요정이 리코더를 손가락으로 가리키며 말했어요.

"그럼 노래 말고 리코더로 다른 곡 한번 더 불어 봐."

하지만 진우는 다른 곡은 연주할 수 없었어요. 외우는 곡이 없었기 때문이에요.

"아, 내가 악보를 구해 올게."

12번 요정이 폴짝폴짝 뛰어 지구본에 쓰여 있는 숫자 속으로 들어갔어요.

"외우는 곡이 하나도 없네."

진우는 멋쩍어서 뒤통수를 긁적였어요.

"외워? 설마 악보를 못 보는 거야?"

11번 요정이 믿을 수 없다는 듯 눈을 가늘게 뜨고 물었어요.

"악보를 꼭 볼 줄 알아야 돼? 리코더는 계이름만 외우면 얼마든지 불 수 있거든?"

진우가 못마땅한 표정으로 11번 요정을 보며 말했어요.

"우리 진우가 뭘 몰라요. 그런데 이 모자는 왜 이렇게 깊어."

5번 요정이 모자 속에서 나오려고 낑낑대며 말했어요.

"숫자 요정들이 왜 이렇게 악보에 관심이 많아?"

진우는 옷걸이로 가서 5번 요정을 모자에서 꺼내 주며 말했어요.

"흠흠, 고마워. 그건 말이야, 악보에도 수학의 원리가 숨어 있기 때문이야."

5번 요정이 구겨진 자신의 옷을 손으로 펴며 말했어요.

그때 달력에서 작은 손이 쑥 나왔어요. 그러고는 곧 고개도 나왔어요.

12번 요정이 낑낑대며 둘둘 말린 종이 한 장을 가지고 나오는 것이었어요.

"듣자 하니, 악보를 못 본다고?"

12번 요정이 숨이 차는지 헐떡거리며 말했어요.

"아, 정말. 그래 못 본다. 그게 왜?"

진우는 슬쩍 짜증을 냈어요.

"아아, 짜증 내지 마. 우리가 악보 보는 법을 가르쳐 주려고 그러는 거야. 그래서 아주 쉬운 곡으로 골라서 가지고 왔어."

12번 요정이 둘둘 말린 종이를 펼치며 말했어요.

종이에는 '작은 별'이라는 제목이 쓰여 있고 악보가 그려져 있었어요.

진우는 그것을 보고 눈살을 찌푸리며 말했어요.

"야, 너무 한다. 이건 아기들이 부르는 노래잖아.

"쯧쯧, 이 곡이 얼마나 유명하고 좋은 곡인데 그래? 모차르트가 작곡

한 거야."

11번 요정이 혀를 차며 말했어요.

"모차르트는 천재였지."

5번 요정이 아는 체를 했어요. 그러자 요정들이 모두 고개를 끄덕였어요.

"그래? 그럼 이제 설명해 봐."

진우는 자세를 바르게 고쳐 앉았어요.

"자, 우선 악보를 그리려면 가로로 다섯 개의 줄을 그어야 해. 이것을 오선이라고 해."

12번 요정이 오선을 가리키며 설명했어요.

"킥킥, 쉬운 건 여기까지······."

5번 요정이 끼어들며 말했어요.

"최대한 쉽게 설명해. 어렵게 말하면 안 들을 거야."

진우는 팔짱을 끼며 뒤로 기대어 앉았어요.

"그래, 알았어. 오선을 그렸으면 이제 왼쪽에 높은음자리표를 그려야 해. 높은음자리표를 다른 말로 'G클래프'라고도 해. 왜냐하면 G선에서부터 그리기 때문이야. G는 솔을 말해."

12번 요정은 악보를 가리키며 설명을 했어요.

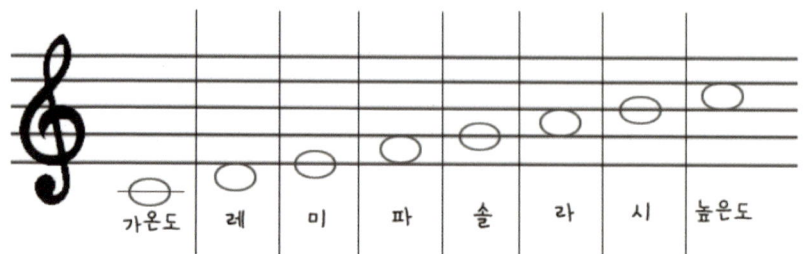

국가별 음이름 읽기

한국	다	라	마	바	사	가	나	다
이탈리아	도	레	미	파	솔	라	시	도
미국, 영국	C	D	E	F	G	A	B	C

"자, 이제 그림을 보며 음표의 길이에 대해 배우자."

12번 요정은 음표가 그려진 그림을 가리키며 다시 설명을 시작했어요.

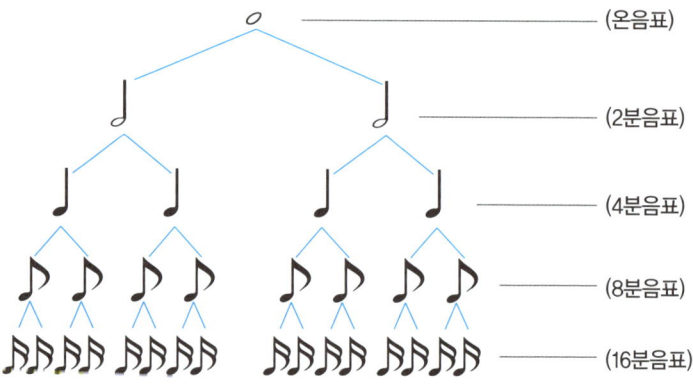

"4분음표는 2분음표의 1/2의 길이야. 또 8분음표는 4분음표의 1/2이고, 16분음표는 8분음표의 1/2에 해당하는 길이야. 그리고 점음표에 대해서도 알아볼까? 점음표는 점이 붙어 있는 음표를 말해. 점은 원래 음표의 1/2에 해당되는 길이야."

음표	이름	음표의 길이 (♩ = 1박)	길이	
𝅗𝅥.	점온음표	6박	𝅝 + ♩	♩ + ♩ + ♩
𝅗𝅥.	점2분음표	3박	♩ + ♩	♩ + ♩ + ♩
♩.	점4분음표	1박 + 1/2박	♩ + ♪	♪ + ♪ + ♪
♪.	점8분음표	1/2박 + 1/4박	♪ + ♬	♬ + ♬ + ♬

"정말 음악에도 수학이 숨어 있네."

진우가 깜짝 놀라며 말했어요.

"자, 다음엔 박자에 대해 알아보자. 박자에도 수학의 원리가 숨어 있어. 우선 여기를 봐."

12번 요정이 박자를 설명한 그림을 가리켰어요.

"악보에서 음자리표 옆에 쓰여 있는 숫자가 박자야."

"그런데 박자표가 분수네."

진우는 도무지 알 수 없어 어리둥절한 표정을 지으며 물었어요.

그러자 5번 요정이 앞으로 나서며 말했어요.

"내가 쉽게 설명해 줄게. 박자표는 분수는 아니야. 분수는 전체에 대해 부분을 나타내는 수야. 분수는 분모와 분자로 구성돼. 그림을 봐. 전체를 5개로 나눈 후 1개를 가졌다면 1/5을 가진 거야. 만일 10개로

나눈 후 1개를 가졌다면 1/10을 가진 것이고."

다시 12번 요정이 설명을 시작했어요.

"하지만 박자표에서 밑의 숫자는 단위가 되는 음표를 나타내는 것이고, 위의 숫자는 1마디 안에 단위가 되는 음표가 몇 개 있는가를 나타내는 거야. 예를 들면 4/4박자는 4분음표를 1박으로 하여 1마디 안에 4박이 들어 있는 박자를 나타내는 거야. 3/4 박자는 4분음표를 1박으로 하여 1마디 안에 3박이 들어 있는 박자를 나타내는 거야."

12번 요정은 설명한 후에 다시 진우에게 질문을 했어요.

"그렇다면 2/4 박자는 한 마디 안에 몇 개의 4분음표가 들어간다는 뜻일까?"

"음, 2개?"

진우는 머뭇거리며 대답했어요.

그러자 요정들은 아주 좋아했어요.

"그렇지. 그렇지."

진우는 기분이 좋아 큭큭 웃었어요. 12번 요정의 설명은 계속 되었어요.

"작은 별 악보를 봐. 2/4박자 곡이지? 이 곡은 한 마디 안에 4분음표가 2개 있어야 한다는 약속으로 만든 곡이야."

진우는 악보를 보며 다시 한 번 리코더를 불어 보았어요.

"악보라는 것은 수학을 사용해서 만든 약속이야. 그래서 나라가 달라도, 말이 달라도 악보를 볼 줄 아는 사람은 누구나 연주할 수 있는 거야. 말을 알아듣지 못해도, 음악은 알아들을 수 있는 거야. 그걸 가능하게 한 것이 바로 수학이지."

진우는 고개를 끄덕였어요. 무슨 말인지 알 것 같았어요.

예를 들어 내가 일본에 놀러 간다고 하면, 일본 말은 못 알아들어도, 시계를 보고 시간은 알 수 있잖아요. 악보도 그런 건가 봐요.

"너희들이 있어서 참 좋아."

진우는 생글생글 웃으면서 말했어요.

사실 숫자 요정들을 만나기 전에는 수학이 우리의 생활과 연관되어 있는지 잘 몰랐어요. 그냥 어렵다고, 배우기 싫다고만 생각했어요. 수학이 있어서 우리 삶이 편해질 수 있다는 것을 숫자 요정들이 가르쳐 준 거예요. 진우는 이제 수학이 좋아졌어요.

그리고 무엇보다 숫자 요정이라는 아주 특별하고 좋은 친구들이 생겨서 더욱 좋았어요.

"크크, 요정들아. 너희들 학교에서 시험 볼 때도 슬쩍 이렇게 답 좀 가르쳐 주라."

진우가 이렇게 말하자 숫자 요정들의 얼굴이 모두 하얗게 변했어요.

"으악! 그런 짓 하면 다시 시계 속에 갇혀 버려. 그동안 얼마나 고생을 했는데……. 다시는 그런 비겁한 행동은 하지 않을 거야."

5번 요정이 펄쩍 뛰며 말했어요.

"수학은 참 재미있어. 진우가 그걸 알았으면 좋겠어."

12번 요정이 어른스럽게 말했어요.

"당연하지. 이제 나도 너희들 덕분에 수학이 좋아졌어."

"그래? 그럼 우리 이제 안심하고 떠나도 되겠다."

5번 요정이 말했어요.

"떠나? 이제 너희들을 못 본다는 뜻이야?"

진우는 놀라서 말했어요.

"아냐. 다시 만날 수 있어. 그렇지만 이젠 네 스스로 공부해야 해. 알았지?"

12번 요정이 타이르듯 말했어요.

진우는 힘없이 고개를 끄덕였어요.

"정말이지? 영영 이별인 건 아니지?"

숫자 요정들은 다시 만날 수 있다며 진우를 안심시켰어요. 그러고는 진우에게 손을 흔들었어요.

"응, 안녕."

진우는 섭섭했지만 숫자 요정들에게 밝은 얼굴로 작별 인사를 했어요.

그러자 숫자 요정들은 눈 깜박할 새 사라졌어요.

'친구들아, 꼭 다시 와야 해.'

진우는 혼자서 중얼거렸어요.

진우가 수학 공부를 열심히 하는 걸 보고 엄마가 놀라서 말했어요.

"웬일이지? 그렇게 싫어하던 수학 공부를 자발적으로 하다니?"

"다 숫자 요정 덕분이에요."

진우는 문제를 풀며 말했어요.

"숫자 요정?"

"네, 숫자 요정들과 그동안 수학에 대해 많은 걸 공부했거든요. 이젠 수학이 재미있는 과목이라는 것을 알았어요."

"호호, 진우가 이야기짓기에 소질이 있는지 몰랐네."

엄마는 진우 옷장에 세탁한 옷을 넣으며 말했어요.

"왜 지어낸 이야기라고 생각해요?"

진우는 빙긋 웃으면서 엄마를 보았어요.

"그럼 숫자 요정들이 진짜 있었다고?"

엄마는 말도 안 된다는 듯 손을 휘젓고는 옷장을 닫았어요.

진우는 할아버지가 했던 말씀을 떠올렸어요.

눈에 보이는 것이 다가 아니라고 할아버지가 그랬지요.

진우는 숫자 요정들을 떠올리며 빙그레 미소를 지었어요.